et difficultés de l'espagnol

Gabriel VINCENT
Agrégé de l'Université
Professeur honoraire au lycée Claude-Bernard à Paris

BORDAS
LANGUES

Avant-propos

Une longue expérience d'enseignement de l'espagnol auprès des lycéens des deux cycles et des étudiants des classes préparatoires m'amène à faire une constatation simple et évidente : à de rares exceptions près et quelle que soit la classe, les embûches dans lesquelles tombent les candidats restent les mêmes. On pourrait presque en dresser le catalogue...

L'ambition de cet ouvrage est donc de tenter d'établir un recensement – modeste – des principaux «pièges et difficultés» que peut présenter l'étude de la langue espagnole à des débutants et même à des hispanisants confirmés.

La présentation par groupes de deux ou trois mots ou structures présentant des écueils possibles permet de repérer, de différencier ceux-ci et, par là même, de déjouer les éventuelles confusions.

On trouvera ici 110 rubriques où ont été relevés et comparés les emplois idiomatiques ou les tournures spécifiques qui, ne s'inscrivant pas dans une même logique que la langue maternelle, peuvent dérouter l'étudiant. Pour chacune d'elles, une brève explication et quelques phrases d'exercices d'application ont pour objet de permettre l'identification, la reconnaissance de la difficulté et donc, déjà, sa familiarisation. Les corrigés donnent la possibilité de tester les acquis. Enfin, outre les renvois transversaux, un index français situé en fin d'ouvrage offre à l'utilisateur un éventail de recherches beaucoup plus ouvert.

Ce recueil ne prétend pas, bien sûr, épuiser le sujet ni remplacer la grammaire traditionnelle que nécessite toute initiation.

Mon souhait est qu'il puisse, modestement, répondre à un besoin et à une attente.

L'auteur

ISBN : 2-04-028263-7

Sommaire

70. pensar en • contar con
71. pero • sino
72. ponerse • volverse • hacerse
73. pongo • me pongo
74. por más que • por mucho que • por muy … que
75. por qué • porque • porqué
76. preguntar • pedir
77. que • qué
78. ¡qué buen chico! • ¡qué chico más bueno!
79. querer • gustar
80. quien • quién
81. quizá llueva • lloverá quizá
82. rápidamente • rápida
83. salir • sacar
84. san • santo
85. ser bueno • estar bueno
86. ser construído • estar construído
87. ser estudiante • estar en la Universidad
88. serán • serían
89. si • como
90. si • sí
91. si hiciera • si hacía
92. si lo supiera • de saberlo
93. siquiera • ni siquiera
94. sobre • encima • arriba
95. solo • sólo
96. soy yo • soy yo quien
97. tal • un tal
98. tanto … más • cuanto … más
99. tanto • tantos • tan … como
100. tanto • tantos • tan … que
101. tener que • haber de
102. todo • lo … todo
103. traer • llevar
104. tratar de • intentar • procurar
105. unos • unas
106. usted • vosotros
107. volver a • otra vez • de nuevo
108. vosotros • os
109. y → e • o → u
110. ya • ya que

1 a • en

Iré **a** España el año que viene.
Me quedaré **en** España algunas semanas.

◆ **a** : « en » pour la notion de direction (accompagné d'un verbe de mouvement).

> Iré **a** España el año que viene.
> → J'irai **en** Espagne l'année prochaine.
>
> subir **al** trono, llegar **a** Madrid
> → monter **sur** le trône, arriver **à** Madrid

Remarques

• Quelques verbes échappent à cette loi : entrar en, penetrar en, ingresar en, irrumpir en → entrer, pénétrer, faire irruption **dans**

• Cet emploi s'applique au sens figuré.

> Vamos **a** dormir; vas **a** quedarte.
> → Nous allons dormir ; tu vas rester.

◆ **en** : « en » pour la notion de lieu sans mouvement.

> Me quedaré **en** España algunas semanas.
> → Je resterai **en** Espagne quelques semaines.
>
> Vivo **en** esta calle; nací **en** Burgos.
> → J'habite cette rue ; je suis né à Burgos.

Remarque

On emploie en pour traduire une idée de répétition.

> De pueblo **en** pueblo, de casa **en** casa.
> → De village **en** village, de maison **en** maison.

Traduire :

1. D'heure en heure, d'année en année.
2. Il travaille à l'usine.
3. Tu vas te taire !
4. Descendons dans la cour.
5. Il est resté un moment à l'église.

➥ Corrigé p. 115.

2 acabar de • con • por

Esta revista **acaba de** aparecer.
Los disgustos **acabaron con** el pobre.
El enemigo **acabó por** rendirse.

◆ **acabar de** (+ infinitif) : « venir de » (l'action vient juste de s'accomplir).

Esta revista **acaba de** aparecer.
→ Cette revue **vient de** paraître.

Acabamos de leer la noticia en el periódico.
→ Nous **venons de** lire la nouvelle dans le journal.

◆ **acabar con** : « détruire », « anéantir »

Los disgustos **acabaron con** el pobre.
→ Les chagrins **ont mis à bout** ce pauvre homme.

¡**Acabarás con** mi vida!
→ **Tu** me **feras** mourir!

◆ **acabar por** : « finir par » (conséquence).

El enemigo **acabó por** rendirse.
→ L'ennemi **finit par** se rendre.

Excitado por los niños, el perro **acabó por** morderlos.
→ Excité par les enfants, le chien **finit par** les mordre.

Acabar de, con ou por ?

1. Su padre … morir.
2. Insistió tanto que … convencerme.
3. Hay que … la inseguridad en los suburbios.
4. El nuevo museo … ser inaugurado.
5. Después de tanto llorar, el niño … dormir.

➥ Corrigé p. 115.

3 acordarse • recordar

Me acuerdo de mi tío Pablo.
Este señor me **recuerda** a mi tío Pablo.

◆ **acordarse de** : « se souvenir de ».

Me acuerdo de mi tío Pablo.
→ Je **me souviens de** mon oncle Paul.

Acuérdate de aquel día de vacaciones.
→ **Souviens-toi de** ce jour de vacances.

Remarque

Il signifie aussi « s'accorder », « se mettre d'accord ».

Se han **acordado** sobre una próxima cita.
→ Ils **se** sont **mis d'accord** sur un prochain rendez-vous.

◆ **recordar** : « rappeler », « se rappeler »

Este señor **me recuerda** a mi tío.
→ Ce monsieur **me rappelle** mon oncle.

No tengo que **recordarte** tu deber.
→ Je ne dois pas **te rappeler** ton devoir.

Acordarse ou recordar ?

1. Estas fotos nos … nuestra juventud.
2. El anciano no se … de su nombre.
3. Los dos partidos … para tomar una decisión.
4. No consiguió … la escena.
5. ¡… bien que debes estar aquí a las cinco!

➥ Corrigé p. 115.

4 -ada • -azo

El pobre recibió tres cuchill**adas**.
Se oían los fusil**azos** de los cazadores.

◆ **-ada** : « coup donné » (avec un instrument tranchant).

El pobre recibió tres cuchill**adas.**
→ Le malheureux a reçu trois **coups de** couteau.

La estoc**ada** del torero.
→ Le **coup** d'épée du torero.

◆ **-azo** : « coup donné » (avec un instrument contondant ou une arme à feu).

Se oían los fusil**azos** de los cazadores.
→ On entendait les **coups** de fusil des chasseurs.

Los cañon**azos** anunciaron el nacimiento del príncipe.
→ Les **coups** de canon annoncèrent la naissance du prince.

Remarques

• Ces emplois ne sont pas stricts, on peut rencontrer des exceptions.

Una campan**ada**, una pat**ada**...
→ Un **coup** de cloche, un **coup** de pied...

Un hach**azo**, un sabl**azo**, un vist**azo.**
→ Un coup de hache, un coup de sabre, un coup d'œil.

• Le suffixe -ada traduit aussi un contenu, une mesure, une dose.

Una cuchar**ada**, una pulg**ada.**
→ Une cuiller**ée**, une **longueur** de pouce.

Traduire :

1. Un coup de coude, un claquement de porte.
2. Un coup de lance, un coup de poignard.
3. Un coup d'œil, un coup de pinceau.
4. Un coup de marteau, une tape.
5. Un martèlement de pied, un éclat de rire.

➥ Corrigé p. 115.

5 *al abrir • abriendo*

Ana sintió el frío **al abrir** su ventana.
El director silbaba **abriendo** su correo.

◆ **al abrir** : « quand », « lorsque », « comme », simultanéité d'actions à un moment très précis (suivis d'un temps personnel).

> Ana sintió el frío **al abrir** su ventana.
> → Anne sentit le froid **en ouvrant** sa fenêtre.
>
> **Al levantarse** el telón, el público aplaudió.
> → **Lorsque** le rideau **se leva**, le public applaudit.

◆ **abriendo** : « en ouvrant » (gérondif : « vieillissement » de l'action), action qui dure, qui se prolonge en même temps qu'une autre.

> El director silbaba **abriendo** su correo.
> → Le directeur sifflait **en ouvrant** son courrier.
>
> El grupo se acercaba **cantando.**
> → Le groupe s'approchait **en chantant.**

Cette tournure traduit souvent la manière.

> Se aprendre mucho **mirando** a los demás.
> → On apprend beaucoup **en regardant** les autres.

Remarque

• En + gérondif, que l'on trouve parfois, indique un début d'action : « dès que », « aussitôt que ».

> **En abriendo** la puerta, Ana sintió el olor a quemado.
> → **Dès qu'**elle ouvrit la porte, Anne sentit une odeur de brûlé.

Compléter :

1. El mendigo iba de casa en casa (pedir) limosna.
2. (Estar) tranquilo el mar, los pescadores se decidieron a salir.
3. (Aparecer) la madre, los niños se precipitaron hacia ella.
4. Los niños se divertían (esconderse) en el desván.
5. (Estallar) la bomba, se vio un gran fulgor en el cielo. ➥ Corrigé p. 115.

6 algo • nada

Cuéntanos **algo**.
No sé **nada**.

◆ **algo** : « quelque chose » (invariable).

> Cuéntanos **algo.**
> → Raconte-nous **quelque chose.**

algo peut être aussi utilisé devant un adjectif ou un participe avec le sens de « un peu ».

> Esto me parece **algo** mejor.
> → Ceci me semble **un peu** mieux.

◆ **nada** : « rien » (invariable).

> No sé **nada.**
> → Je ne sais **rien.**

• Comme d'autres négations (nadie, ninguno, jamás, etc.), il emploie no s'il est devant le verbe : no sé nada, nada sé.

• Devant un adjectif ou un participe, il prend le sens de « pas du tout ».

> No me siento **nada** nervioso.
> → Je ne sens **pas du tout** nerveux.

Algo ou nada ?

1. Acaba de pasar … extraño.
2. Esto no es … interesante.
3. Este espectáculo no me atrae … .
4. – ¿Has oído …? – No, … .
5. No estoy … contento de ti.

➥ Corrigé p. 115.

7 alguien • nadie

Me parece que alguien llamó a la puerta.
Nadie ha venido.

◆ alguien : « quelqu'un » (invariable) (sens masculin ou féminin).

> Me parece que **alguien** llamó a la puerta.
> → Il me semble que **quelqu'un** a frappé à la porte.

• S'il s'agit d'une personne appartenant à un groupe connu, on dira plutôt :

> **Alguno** de vosotros.
> → **Quelqu'un** d'entre vous.

◆ nadie : « personne » (invariable) (sens masculin et féminin).

> **Nadie** ha venido.
> → **Personne** n'est venu.

• Le mot obéit à la règle des négations qui obligent à employer no quand elles sont derrière le verbe :

> **No** ha venido **nadie.**
> → **Personne** n'est venu.

➡ 6.

➡ Ces deux mots s'opposent comme algo et nada, mais ils en diffèrent dans la mesure où ils s'appliquent uniquement à des personnes.

Alguien ou nadie ?

1. No sé si hay ... porque ... me contesta.
2. ¿Conoces a ... en esta ciudad?
3. Entre estos chicos, ¿hay ... a quien conoces?
4. En el público, ... escuchaba al orador.
5. ... de nosotros le acompañará.

➡ Corrigé p. 115.

8 alguno • ninguno

Te veré **alguno** que otro día.
Ninguno de nosotros lo sabe.

◆ **alguno** : « quelque », « quelconque ».

> Te veré **alguno** que otro día.
> → Je te verrai **un** jour ou l'autre.

• alguno perd le o final (apocope) devant un nom masculin singulier.

> ¿Tienes **algún** trabajo que hacer?
> → As-tu **quelque** travail à faire ?

• Et surtout, alguno prend le sens de ninguno quand il est placé derrière le nom dans une phrase négative (« aucun », « aucune »).

> **No** se percibía signo de vida **alguno.**
> → On **ne** percevait **aucun** signe de vie.

◆ **ninguno** : « aucun ».

> **Ninguno** de nosotros lo sabe.
> → **Aucun** de nous ne le sait.

• ninguno s'apocope également devant un nom masculin. Il doit être renforcé par no s'il est placé derrière le verbe.

> No hubo **ningún** obstáculo.
> → Il n'y eut **aucun** obstacle.

➡ 62.

Alguno(a) ou ninguno(a) ?

1. No encontré dificultad … .
2. ¿Hay … vaso en la cocina? ¿Hay un recipiente …?
3. … problema se presentó, absolutamente … .
4. ¿Sentiste … dolor?
5. – ¿Tienes … revista? – No, no tengo … .

➡ Corrigé p. 115.

9 ambos • sendos

El hijo se parece al padre; **ambos** son altos y rubios.
Aparecieron los tres vaqueros en **sendos** caballos.

◆ **ambos(as)** : « les deux », « tous les deux », « l'un et l'autre », s'emploie pour les personnes et les choses dont on a déjà parlé et qui vont par paire.

> El hijo se parece al padre; **ambos** son altos y rubios.
> → Le fils ressemble au père ; **tous les deux** sont grands et blonds.
>
> Este campeón de tenis sabe jugar con **ambas** manos.
> → Ce champion de tennis sait jouer des **deux** mains.

• On peut rencontrer entrambos, entrambas (usage moins fréquent).

> Vinieron **entrambas** a verme.
> → **Toutes les deux** sont venues me voir.

◆ **sendos(as)** : « chacun(e) », ces termes toujours au pluriel ne s'appliquent qu'à un seul objet pour chaque possesseur.

> Aparecieron los tres vaqueros en **sendos** caballos.
> → Les trois cow-boys apparurent, **chacun** sur son cheval.
>
> Los candidatos premiados recibieron **sendas** medallas.
> → Les candidats récompensés reçurent **chacun** une médaille.

Ambos(as) ou sendos(as) ?

1. Los niños, sentados en ... sillas, miraban la televisión.
2. El director llamó a su secretaria y ... estudiaron el informe.
3. El futbolista sabía marcar los goles con ... pies.
4. Los soldados desfilan con ... fusiles.
5. Las dos sortijas me gustaban, pero ... eran muy caras.

➥ Corrigé p. 115.

10 antes • antes de • antes (de) que

Antes, todo parecía más fácil.
¡Ponte el abrigo **antes de** salir!
Habré terminado **antes que** llegues.

◆ **antes** : « avant », « auparavant », « autrefois » (emploi seul).

> **Antes**, todo parecía más fácil.
> → **Autrefois**, tout semblait plus facile.
>
> Había nevado mucho la noche **antes.**
> → Il avait beaucoup neigé la nuit d'**avant.**

◆ **antes de** : « avant de » (+ infinitif ou nom), donne un repère dans le temps.

> ¡Ponte el abrigo **antes de** salir!
> → Mets ton manteau **avant de** sortir !
>
> **Antes de** cenar, **antes de** tu llegada...
> → **Avant de** dîner, **avant** ton arrivée...

◆ **antes de que** (ou **antes que**) : « avant que » (+ subjonctif avec concordance des temps).

> Habré terminado **antes que** llegues.
> → J'aurai terminé **avant que** tu n'arrives.

Remarques

• Le verbe peut être sous-entendu, donc emploi du pronom sujet.

> Habré terminado **antes que tú.**
> → J'aurai terminé **avant toi.**

• Séparés, les deux mots traduisent « plutôt ... que ».

> **Antes** la honra **que** el provecho.
> → **Plutôt** l'honneur **que** le profit.

Traduire :

1. Laisse-moi ton adresse avant de partir.
2. J'aimerais que tu éteignes la lumière avant que tu ne t'en ailles.
3. Avant d'être plombier, il travaillait dans un bureau.
4. Plutôt aujourd'hui que demain.
5. Vous dînerez avant moi.

➥ Corrigé p. 115.

11 *apenas … cuando • apenas*

Apenas le miré **cuando** echó a reír.
Apenas aparece el sol se ponen en marcha.

◆ **apenas … cuando** : « à peine … que » (usage recherché).

Apenas le miré **cuando** echó a reír.
→ **À peine** l'ai-je regardé **qu'**il s'est mis à rire.

• Le « que » français de relation dans la subordonnée de temps introduite par « à peine… » se traduit par cuando.

Apenas le hubo visto **cuando** se precipitó hacia él.
→ **À peine** l'eut-il vu **qu'**il se précipita vers lui.

◆ **apenas** : « à peine » (usage fréquent). Le cuando de relation est le plus souvent omis.

Apenas aparece el sol se ponen en marcha.
→ **À peine** le soleil apparaît-il **qu'**ils se mettent en marche.

Apenas entró en el despacho sonó el teléfono.
→ **À peine** entra-t-il dans le bureau **que** le téléphone sonna.

Remarques

• Apenas est suivi du subjonctif à la place du futur de l'indicatif français.

Apenas se levanten… → **À peine** se lèveront-ils…

• L'expression no bien a les mêmes emplois que apenas.

No bien lo hubo dicho (**cuando**) se mordió la lengua.
→ **À peine** l'eut-il dit **qu'**il se mordit la langue.

Traduire :

1. À peine a-t-il le temps de déjeuner qu'il est déjà l'heure de partir.
2. Les spectateurs ne s'étaient pas encore assis que le spectacle commençait.
3. La maman n'était pas plutôt dehors que le bébé se mettait à pleurer.
4. À peine aura-t-il mis sa veste qu'il voudra s'en aller.
5. Nous étions à peine entrés qu'on nous fit sortir.

➥ Corrigé p. 115.

12 aquí está • aquí viene

Aquí está el correo.
Aquí viene tu hermano.

◆ **aquí está** : « voici » (désigne et situe sans mouvement). Le verbe estar s'accorde.

> **Aquí está** el correo. → **Voici** le courrier.
>
> **Aquí están** mis guantes y **allí están** los tuyos.
> → **Voici** mes gants et **voilà** les tiens.

◆ **aquí viene** : « voici » (désigne et situe avec mouvement). Le verbe s'accorde.

> **Aquí viene** tu hermano
> → **Voici** ton frère.
>
> ¡**Aquí vienen** los músicos!
> → **Voici** les musiciens !

Remarques

• Dans tous les cas, on peut employer he aquí, he ahí, he allí, he allá pour traduire « voici » ou « voilà ». Le pronom est soudé. Cet emploi est un peu littéraire.

> He aquí a mi tío. Hete ahí. He ahí sus gafas.
> → **Voici** mon oncle. Te **voilà. Voilà** vos lunettes.

• Pour remettre un objet, emploi du verbe tener : aquí, ahí tienes...

> **Aquí tienes** el informe. → **Voici** le dossier.

Traduire :

1. Voilà un billet de train !
2. Nous voici !
3. Voilà la solution du problème !
4. Voilà la monnaie de votre billet ! (après achat)
5. Voilà les clowns !

➥ Corrigé p. 115.

13 aun • aún

Te prestaré mi bicicleta y aun mi coche.
El cartero no ha pasado aún.

◆ aun : « même », « aussi » (conjonction, sans accent).

Te prestaré mi bicicleta y **aun** mi coche.
→ Je te prêterai ma bicyclette et **même** ma voiture.

• aun équivaut à también, inclusive, hasta, ni siquiera.

No tengo tantos discos como él, ni **aun** la mitad.
→ Je n'ai pas autant de disques que lui, pas **même** la moitié.

◆ aún : « encore », « toujours » (adverbe, avec accent).

El cartero no ha pasado **aún.**
→ Le facteur n'est pas **encore** passé.

• aún équivaut à todavía.

Aún estaba en la cama cuando le llamé. (Estaba **aún** en la cama)
→ Il était **encore** au lit quand j'ai appelé.

Aun ou aún ?

1. No sé ... si le han aprobado.
2. Te esperaré una hora, y ... dos horas.
3. ... no ha salido el sol.
4. No sé lo que ha sido de él: estará ... de vacaciones.
5. Creo que lo puedo hacer, ... sin ayuda.

➥ Corrigé p. 115.

14 aunque llueve • aunque llueva

Aunque llueve mucho, Carmen sale sin paraguas.
Aunque llueva mucho, Carmen saldrá sin paraguas.

◆ **aunque llueve** (+ indicatif espagnol) : « bien que », « quoique » (+ subjonctif français). Exprime une simple restriction sur un fait réel.

> **Aunque llueve** mucho, Carmen sale sin paraguas.
> → **Bien qu'il pleuve** beaucoup, Carmen sort sans parapluie.
>
> **Aunque** es joven, ya sabe muchas cosas.
> → **Bien qu'**il soit jeune, il sait bien des choses.

• Au passé, on aurait :

> **Aunque** era joven, ya sabía muchas cosas.
> → **Bien qu'**il fût jeune, il savait bien des choses.

◆ **aunque llueva** (+ subjonctif espagnol) : « même si » (+ indicatif français). Exprime une supposition.

> **Aunque llueva** mucho, Carmen saldrá sin paraguas.
> → **Même s'il pleut** beaucoup, Carmen sortira sans parapluie.
>
> **Aunque** insistas, no te escucharé.
> → **Même si** tu insistes, je ne t'écouterai pas.

• Avec un conditionnel, on aurait (concordance des temps) :

> **Aunque** insistieras, no te escucharía.
> → **Même si** tu insistais, je ne t'écouterais pas.

Complétez :

1. Aunque (irse) antes del alba, no llegaremos a tiempo.
2. Aunque (irse) antes del alba, no llegaríamos a tiempo.
3. La gente fumaba en la sala aunque (estar) terminantemente prohibido.
4. No le escucharás aunque él (querer) convencerte.
5. El enfermo seguía sonriendo aunque (sufrir) muchísimo.

➡ Corrigé p. 115.

15 *buen chico • chico bueno*

Pedro es un **buen chico**.
Pedro es un **chico bueno**.

◆ **buen chico**. L'adjectif bueno perd son o final (apocope) quand il est employé devant un nom masculin singulier, et uniquement dans ce cas.

Pedro es un **buen chico.** → Pierre est un **bon garçon.**

El señor Pérez es un **buen profesor.**
→ Monsieur Pérez est un **bon professeur.**

◆ **chico bueno**. L'adjectif bueno ne subit aucune modification quand il est derrière le nom.

Pedro es un **chico bueno.** → Pierre est un **bon garçon.**

Para él, el lunes pasado fue un día muy **bueno.**
→ Pour lui, lundi dernier a été un très **bon** jour.

Remarques

• Obéissent également à cette règle de l'apocope les adjectifs suivants :

uno, alguno, ninguno, primero, tercero, postrero
→ un, quelque, aucun, premier, troisième, dernier

• Cette règle ne s'applique ni au féminin ni aux deux pluriels :

– ¿Tienes **unos artículos, algún libro, alguna revista?** – No, **ningún periódico** tampoco.
→ – As-tu **quelques articles, quelque livre, quelque revue** ? – Non, **aucun journal** non plus.

Complétez :

1. El director es un hombre muy (bueno) pero un administrator muy (malo).
2. Los vecinos del (tercero) piso han celebrado el (primero) año de su llegada.
3. La temporada resultó muy (malo), muy (malo) los negocios y, desde luego, un (malo) año.
4. No tenemos (ninguno) plan, (ninguno) idea determinada, sólo la intención de hacer un (bueno) trabajo que no pueda dejar un (malo) recuerdo.
5. Entre los enemigos de Carlos Quinto, Francisco (Primero) fue (uno) muy activo.

➥ Corrigé p. 115.

16 cada día • cada dos días

Cada día es una prueba para él.
Voy a la biblioteca **cada dos días**.

◆ **cada día** : « chaque » (devant un nom masculin ou féminin).

Cada día es una prueba para él.
→ **Chaque jour** est une épreuve pour lui.

Cada alumno estaba sentado en su sitio.
→ **Chaque élève** est assis à sa place.

◆ **cada dos días** : « tous les », « toutes les » (devant un nombre, indique une périodicité)

Voy a la biblioteca **cada dos días.**
→ Je vais à la bibliothèque **tous les deux jours.**

Tenemos una interrogación escrita **cada quince días.**
→ Nous avons une interrogation écrite **tous les quinze jours.**

Remarque

• Cada vez más, cada día más (menos, mejor, peor) dont des expressions qui traduisent la progression de « de plus en plus », « de moins en moins »...

La contaminación del mar es **cada día más** fuerte.
→ La pollution de la mer est **de plus en plus** forte.

Los programas de televisión son **cada vez** peores.
→ Les programmes de télévision sont **de plus en plus** mauvais.

Traduire :

1. Chaque collégien reçut une ration de chocolat.
2. Ils déménagent tous les cinq ans.
3. Le malade se sentait de plus en plus faible.
4. Chacune des candidates reçut un prix.
5. Cet acteur joue de mieux en mieux.

➥ Corrigé p. 116.

17 café con leche • escribir con pluma

Café **con** leche, tortilla **con** patatas.
Escribir **con** pluma, cerrar **con** llave.

◆ **café con leche** : « à », « au » (traduit l'accompagnement).

Café **con** leche, tortilla **con** patatas.
→ Café **au** lait, omelette **aux** pommes de terre.

◆ **escribir con pluma** : « à », « au » (exprime le moyen).

Escribir **con** pluma, cerrar **con** llave.
→ Écrire **au** stylo, fermer **à** clé.

Remarque

Outre ces emplois, con est utilisé pour indiquer :

• Une caractéristique (considérée sous son aspect descriptif).

Se levantó un señor **con** gafas. → Un monsieur **à** lunettes se leva.

• L'attitude, l'allure, la manière (disparition fréquente de l'article indéfini).

Me acogió **con** los brazos abiertos.
→ Il m'accueillit les bras ouverts.

Me contestó **con** fuerte acento.
→ Il me répondit **avec** un fort accent.

Traduire :

1. La cuisine au gaz.
2. J'aime les pâtes à la tomate.
3. Un homme aux cheveux blancs voulut prendre la parole.
4. La chemise déboutonnée, il ne semblait pas avoir froid.
5. Nous marchions d'un pas égal.

➥ Corrigé p. 116.

18 ciento • cien

Ciento cuarenta mil francos.
Cien mil pesetas.

◆ ciento : « cent » (s'emploie seul ou devant un nombre auquel il s'ajoute).

> **Ciento** cuarenta mil francos.
> → **Cent** quarante mille francs.
>
> Diez por diez son **ciento.**
> → Dix fois dix font **cent.**

Remarque

Quand il y a plusieurs centaines, ciento s'accorde avec le nom qui suit et, par attraction, même s'il n'est pas placé immédiatement derrière lui.

> **Trescientos** francos, **seiscientas** hectáreas.
> → **Trois cents** francs, **six cents** hectares.
>
> **Doscientas** mil pesetas. → **Deux cent** mille pesetas.

◆ cien : « cent » (devant un substantif masculin ou féminin ou devant un nombre qu'il multiplie).

> **Cien** mil pesetas. **Cien** francos. → **Cent** mille pesetas. **Cent** francs.

➠ cien est l'apocope de ciento.

Traduire :

(Écrire les nombres en toutes lettres !)

1. Quatre fois 100 000 font 400 000.
2. On dit que parmi ces cadres ils sont plus de 100 à gagner au moins 500 000 pesetas par mois.
3. Actuellement, tu achètes peu de choses avec 100 ou 150 francs.
4. Avec 100 dollars, tu as environ 500 francs.
5. Grâce au numéro 112 153, il a gagné le gros lot de 100 millions de pesetas.

➥ Corrigé p. 116.

19 como • cómo

Este niño come tanto **como** una persona mayor.
¡**Cómo** me siento feliz! ¿**Cómo** decírtelo?

◆ **como** : « comme », « autant que », au sens d'une comparaison (sans accent).

> Este niño come tanto **como** una persona mayor.
> → Cet enfant mange **autant qu'**un adulte.

• À la place du futur français, il nécessite le subjonctif :

> Haré **como** quieras, **como** me lo digas.
> → Je ferai **comme** tu voudras, **comme** tu me le diras.

• Enfin, avec le subjonctif, il peut équivaloir au français « si » (indicatif) (« si jamais », « dans le cas où »).

> **Como** no llegues a tiempo, te esperaremos.
> → **Si** tu n'arrives pas à temps, nous t'attendrons.

➥ 89.

◆ **cómo** : « comme » au sens d'une exclamation, d'une interrogation, même indirecte (avec accent).

> ¡**Cómo** me siento feliz! ¿**Cómo** decírtelo?
> → **Comme** je me sens heureux ! **Comment** te le dire ?
>
> Dime **cómo** te llamas. → Dis-moi **comment** tu t'appelles.

Traduire :

1. Je fais comme toi.
2. Si tu as un moment, viens me voir !
3. Tu feras comme ça te semblera le mieux.
4. Comme tu as grandi !
5. Je ne sais pas comment te remercier.

➥ Corrigé p. 116.

20 con ser • por ser

Con ser muy viejo, mi abuelo es muy activo.
Le envidian **por ser** muy rico.

◆ **con ser** (infinitif) : « bien que », « tout en », « rien qu'à (en) ».

Con ser muy viejo, mi abuelo es muy activo.
→ **Bien qu'**il soit très vieux, mon grand-père est très actif.

Con poner un sombrero, la muchacha parece otra.
→ **Rien qu'en mettant** un chapeau, la jeune fille semble tout autre.

◆ **por ser** : « parce que » au sens d'un motif, d'une cause.

Le envidian **por ser** muy rico.
→ On l'envie **parce qu'**il est très riche.

Le detuvieron **por** haber robado.
→ On l'arrêta **parce qu'**il avait volé.

Con ou por ?

1. … ser inteligente este chico, no lo encuentro nada simpático.
2. … concentrarte un poco, progresarás.
3. No salgo, … hacer demasiado frío.
4. … llegar tarde, no encontraron ningún hotel.
5. … tener tanta fortuna, gasta poco dinero.

➥ Corrigé p. 116.

21 cuál • el (la) cual

¿**Cuál** es tu dirección?
Entró en la casa en **la cual** reinaba un gran silencio.

◆ **cuál** : « quel », « quelle » (avec accent interrogatif), surtout utilisé avec le verbe ser. Il est la forme du masculin et du féminin singulier.

> ¿**Cuál** es tu dirección?
> → **Quelle** est ton adresse ?
>
> ¿**Cuál** es su nombre? ¿**Cuáles** son sus intenciones?
> → **Quel** est son nom ? **Quelles** sont ses intentions ?

Remarques

• Avec un autre verbe, il exprime un choix : « lequel », « laquelle »…

> Entre todos tus amigos, ¿**cuál** prefieres?
> → Parmi tous tes amis, **lequel** préfères-tu ?

• L'accent est conservé dans l'interrogation indirecte.

> No sé **cuál** es su apellido.
> → Je ne sais pas **quel** est son nom.

◆ **el (la) cual** : « lequel », « laquelle » (sans accent, relatif), s'applique aussi bien aux personnes qu'aux choses et s'accorde avec son antécédent (la cual, los cuales, las cuales).

> Entró en la casa en **la cual** reinaba un gran silencio.
> → Il entra dans la maison dans **laquelle** régnait un grand silence.

• El cual peut même être utilisé comme simple démonstratif.

> Llamó a la puerta de sus vecinos, **los cuales** no contestaron.
> → Il frappa à la porte de ses voisins ; **ceux-ci** ne répondirent pas.

Traduire :

1. Quel est ton professeur d'anglais ? d'espagnol ? Lequel te plaît le plus ?
2. Ils virent des grottes dans lesquelles habitaient des gitans.
3. Je me demande quel est le prix de ces chaussures.
4. Des femmes passèrent derrière lesquelles gambadaient des enfants.
5. Il y avait tant de livres qu'il ne savait lesquels choisir. ➥ Corrigé p. 116.

22 *cualquiera • cualquier*

Un día **cualquiera.**
Cualquier día.

◆ **cualquiera** : « quelconque », « n'importe quel(le) » ; placé derrière le nom (masculin ou féminin), il admet un article indéfini.

> **Un** día **cualquiera**, **un** trabajo **cualquiera.**
> → **Un** jour **quelconque**, **un** travail **quelconque**.

• Peut prendre le sens de « on », « n'importe qui ».

> **Cualquiera** lo creería.
> → **N'importe qui** le croirait.

Remarques

• Cualquiera que entraîne le subjonctif et s'accorde (même forme au masculin et au féminin).

> **Cualesquiera** que sean las dificultades…
> → **Quelles que** soient les difficultés…

• Ce mot est composé de cual (« quel », « lequel »), qui s'accorde, et du subjonctif du verbe querer : littéralement « comme on voudra », « ce qu'on voudra ».

◆ **cualquier** : « n'importe quel(le) », « n'importe quoi », placé devant le nom (masculin ou féminin), il n'emploie pas d'article et perd son a final (apocope).

> **Cualquier** día.
> → **N'importe quel** jour.
>
> Dice **cualquier** cosa.
> → Il dit **n'importe quoi.**

Compléter :

1. En … momento, en … ocasión.
2. No quiero pasar la noche en … hotel.
3. Ese tipo es un … .
4. … cosa que le digas, él nunca está conforme.
5. … que sean tus razones, no quiero aceptarlas.

➥ Corrigé p. 116.

23 cuando vengas • cuándo vendrás

Me traerás el periódico cuando vengas.
¿Cuándo vendrás a verme?

◆ cuando vengas (conjonction de temps, sans accent + subjonctif espagnol) : « quand » (+ futur français).

> Me traerás el periódico **cuando vengas.**
> → Tu m'apporteras le journal **quand tu viendras.**

Cuando introduit ici une subordonnée de temps et nécessite le subjonctif à la place du futur de l'indicatif français.

> Cerrarás la puerta con llave **cuando te vayas.**
> → Tu fermeras la porte à clé **quand tu t'en iras.**

Remarque

Les autres conjonctions de temps, et certains relatifs, entraînent la même construction : tan pronto como, en cuanto, luego que, mientras, conforme, a medida que, donde, el... que... (aussitôt que, dès que, tant que, à mesure que, où, celui... qui...).

> Te daré las noticias **a medida que** las reciba.
> → Je te donnerai les nouvelles **à mesure que** je les recevrai.

◆ cuándo vendrás : « quand » (+ futur) (interrogatif, avec accent).

> ¿**Cuándo vendrás** a verme?
> → **Quand viendras**-tu me voir ?

C'est ici une interrogation. Celle-ci peut être directe ou indirecte.

> Mambrú se va a guerra, no sé **cuándo vendrá.**
> → Marlbrough s'en va-t-en guerre, ne sais **quand reviendra.**

Cuando ou cuándo ?

1. La gente saldrá a la calle ... (aparecer) el primer rayo de sol.
2. Ignoro ... ella (venir). ... yo lo (saber), te lo diré.
3. ¿... será tu cumpleaños? ¿Me invitarás ... yo (pasar) por tu casa?
4. Llámame ... tú (haber terminado).
5. No le gusta ser molestado ... él (estar) trabajando.

➥ Corrigé p. 116.

24 *cuanto • cuánto*

Cuanto me dices me parece increíble.
¿Cuánto tiempo hace que me esperas?

◆ **cuanto (os, a, as)** : « tout ce qui », « tout ce que » (sujet ou complément, sans accent).

> **Cuanto** me dices me parece increíble.
> → **Tout ce que** tu me dis me semble incroyable.

• Invariable devant un verbe, cuanto s'accorde devant un nom.

> **Cuantas personas** entraban se arrodillaban.
> → **Toutes les personnes** qui entraient s'agenouillaient.

◆ **cuánto (os, a, as)** : « combien » (interrogatif, avec accent).

> ¿**Cuánto** tiempo hace que me esperas?
> → Depuis **combien** de temps m'attends-tu ?

• Invariable avec un verbe, cuánto s'accorde également devant un nom.

> ¿**Cuánto** pagaste? ¿**Cuántas** pesetas?
> → **Combien** as-tu payé ? **Combien** de pesetas ?

• Même emploi dans l'exclamation avec, en plus, l'apocope en cuán devant un adjectif ou un adverbe.

> ¡**Cuán** perezoso era! ¡**Cuán** lentamente avanzaba!
> → **Comme** il était **paresseux** ! **Comme** il avançait **lentement** !

Remarque

• L'accent écrit est conservé dans l'exclamation directe ou indirecte.

> Me pregunto **cuánto** vale este cuadro.
> → Je me demande **combien** vaut ce tableau.

Cuanto ou cuánto ?

1. Yo quisiera olvidar ... mentiras me dijiste.
2. ¡ Con ... razón él me respondió! ¡... le agradecí!
3. ¡... pronto pasan los años! ¡... corta es la vida!
4. ... personas estaban presentes se levantaron.
5. ¡... gente! ¡... ruido!

➥ Corrigé p. 116

25 cuyo • de quien

Un muchacho **cuyos** padres son comerciantes.
Un artista **de quien** todos hablan.

◆ **cuyos (a, os, as)** : « dont le », « dont la », « dont les »… (personnes et choses).

> Un muchacho **cuyos** padres son comerciantes.
> → Un garçon **dont les** parents sont commerçants.

• Ne peut s'employer que si on a :
– « dont le », « la », « les »…
– un rapport d'appartenance (ici : les parents du garçon).

• cuyo s'accorde avec le nom qu'il détermine :

> La ventana **cuyos cristales** están rotos.
> → La fenêtres **dont les vitres** sont cassées.

◆ **de quien (de quienes)** : « dont » (uniquement pour les personnes).

> Un artista **de quien** todos hablan.
> → Un artiste **dont** tout le monde parle.

• Utilisé quand la traduction par cuyo est impossible (les deux conditions énumérées ci-dessus doivent être réunies) (« dont je » « tu »… « tous », « on », etc.).

> El orador **de quien** nadie conocía el nombre.
> → L'orateur **dont** personne ne connaissait le nom.

Remarque

On peut aussi, dans ce cas, employer del que (de la, de los, de las que), applicable également aux choses.

> El señor **del que** usted me habla. → Le monsieur **dont** vous me parlez.
>
> La iglesia **de la que** se ve el campanario.
> → L'église **dont** on voit le clocher.

Traduire :

1. Voici le roman dont je t'ai parlé.
2. Elle a un frère dont le caractère est difficile.
3. Je connais un monsieur dont les enfants sont tous médecins.
4. Ce sont des choses dont il ne veut pas parler.
5. Un monsieur dont un de mes amis m'a parlé.

➥ Corrigé p. 116.

26 de él es de quien • con él es con quien

De él es de quien hablamos.
Con él es con quien quiero vivir.

Lorsque le relatif que est précédé d'une préposition, on le traduit par quien (quienes) ou el que (la, los, las que) précédé de la même préposition.

◆ **de él es de quien**

De él es de quien hablamos.
→ **C'est de lui dont** nous parlons.

◆ **con él es con quien**

Con él es con quien quiero vivir.
→ **C'est avec lui que** je veux vivre.

Si l'antécédent désigne des choses, il peut être traduit par l'expression neutre lo que.

De sus vacaciones es **de lo que** se acordaba el niño.
→ **C'est de ses vacances dont** se souvenait l'enfant.

Quand la construction devient un peu lourde, on l'évite par une inversion.

De eso se trata; con mucho gusto nos acogieron; **por eso** te lo repito.
→ **C'est de** cela qu'il s'agit ; c'est avec beaucoup de plaisir qu'ils nous accueillirent ; **c'est pourquoi** je te le répète.

➡ 38, 96.

Traduire :

1. C'est à elle que je vais écrire.
2. C'est avec sa poupée que la petite fille aimait s'endormir.
3. C'est à vous, Madame, que j'adresserai cette facture ?
4. C'est pour toi que je fais tous ces efforts.
5. C'est par désespoir qu'il est parti loin d'ici.

➥ Corrigé p. 116.

27 de quién es • de qué es

– ¿De quién es esta cartera? – Es de Juan.
– ¿De qué es esta cartera? – Es de cuero.

◆ **de quién es** : « à » pour la notion de possession.

– ¿**De quién es** esta cartera? – Es de Juan.
→ – **À qui est** cette serviette ? – **À** Jean.

Esta moto es **del** profesor de inglés.
→ Cette moto est **au** professeur **d'**anglais.

◆ **de qué es** : « en » pour la notion de matière.

– ¿**De qué**? – Es de cuero.
→ – **En quoi est-elle ?** – **En** cuir.

Una cabaña **de** bambú.
→ Une cabane **en** bambou.

Remarques

• Outre ces usages, traduction du français « à » entre le nom ou l'adjectif et leur complément :

Un piano **de** cola; un problema difícil **de** resolver.
→ Un piano **à** queue ; un problème difficile **à** résoudre.

• Caractéristique souvent précisée par un article défini.

La chica **de** la falda azul; la casa **de** las ventanas cerradas...
→ La jeune fille **à** la jupe bleue ; la maison **aux** fenêtres fermées...

Traduire :

1. Ce magnifique meuble en ébène appartient au notaire.
2. Ce texte est difficile à comprendre.
3. L'Institut entier est en verre ; il appartient à un groupe étranger.
4. Ils sont partis en voyage et n'ont pas débranché leur machine à laver.
5. La maison à l'écusson jaune est aux Ramírez.

➥ Corrigé p. 117.

28 debajo de • abajo • bajo

El gato está escondido **debajo del** armario.
El muro se vino **abajo** con mucho ruido.
Estaré a las tres **bajo** tu ventana.

◆ **debajo de** : « sous » au sens d'une localisation précise, sans mouvement (sens propre).

> El gato está escondido **debajo del** armario.
> → Le chat est caché **sous** l'armoire.

◆ **abajo** : sens d'un mouvement, d'une action vers le bas (sens propre et figuré).

> El muro se vino **abajo** con mucho ruido.
> → Le mur **s'effondra** avec un grand bruit.

• Avec un nom et sans article, il indique une direction.

> Ir calle **abajo**; nadar río **abajo**.
> → **Descendre** la rue ; nager vers l'**aval**

• Au sens figuré, il traduit le français « à bas ».

> ¡**Abajo** la tiranía!
> → **À bas** la tyrannie !

◆ **bajo** : « sous » au sens d'une localisation moins précise (sens figuré).

> Estaré a las tres **bajo** tu ventana.
> → Je serai à trois heures **sous** ta fenêtre.
>
> El grupo está **bajo** las órdenes del capitán.
> → Le groupe est **sous** les ordres du capitaine.

➡ 22, 24.

Bajo, abajo ou debajo de ?

1. Los atracadores se llevaron al rehén … la amenaza de un revólver.
2. Descubrieron el tesoro … una chapa de plomo.
3. El novio declamaba versos a su novia … la luna.
4. Los esquiadores siguieron la pista hacia … .
5. Se oía un ruido espantoso … en la cocina.

➡ Corrigé p. 117.

29 deber • deber de

Debo estar en casa lo antes posible.
A esta hora, Enrique **debe de** estar en casa.

◆ **deber** : « devoir » au sens d'obligation forte, exprimée à la forme personnelle.

> **Debo** estar en casa lo antes posible.
> → **Je dois** être à la maison le plus tôt possible.

• Cette forme est comparable à la tournure tener que.
➡ 48.

• Employé avec un imparfait ou un passé simple de l'indicatif, deber a souvent un sens de conditionnel passé.

> **Debí** decírtelo; **debíamos** terminar un poco más pronto.
> → **J'aurais dû** te le dire ; **nous aurions dû** terminer plus tôt.

Attention à la construction :

> **Debías** haberte levantado más temprano.
> → **Tu aurais dû** te lever plus tôt.

◆ **deber de** : « devoir » au sens d'une simple conjecture ou supposition (« sans doute », « probablement »).

> A esta hora, Enrique **debe de** estar en casa.
> → À cette heure, Henri **doit** être chez lui.

Remarque

Cet emploi équivaut à la tournure avec un futur.

> A esta hora, Enrique **estará** en casa.
> → À cette heure, Henri **doit être** chez lui.

Traduire :

1. Il doit être tard. Hâtons-nous ! Nous devons être à huit heures à l'hôtel.
2. Je dois 100 000 pesetas à mon docteur, je dois le payer aujourd'hui.
3. Ça devait être l'hiver, il était peut-être une heure du matin.
4. Tu aurais dû me prévenir de ton arrivée.
5. Mes parents doivent être arrivés maintenant.

➡ Corrigé p. 117.

30 decirme • diciéndome

Vas a **decirme** la verdad.
Diciéndome tales palabras, me enfadas.

◆ **decirme** : « me dire » (le pronom est soudé à l'infinitif).

Vas a **decirme** la verdad.
→ Tu vas **me dire** la vérité.

El problema es fácil, voy a **explicártelo**.
→ Le problème est facile, je vais **te l'expliquer.**

◆ **diciéndome** : « en me disant » (le pronom est soudé au gérondif).

Diciéndome tales palabras, me enfadas.
→ **En me disant** de telles paroles, tu me fâches.

Dándome su nombre, farfullaba.
→ **En me donnant** son nom, il bredouillait.

Remarques

• Avec un impératif, l'usage est le même qu'en français : pronom soudé au verbe à la forme affirmative, pronom placé devant à la forme négative.

Dímelo; no **me** lo **digas.** → **Dis-le-moi**; ne **me** le **dis** pas.

• Dans la langue parlée, lorsque deux verbes se suivent, le ou les pronoms sont souvent placés devant le premier verbe.

Nunca **me lo** quiso confesar: nunca quiso confesármelo.
→ Il n'a jamais voulu **me** l'avouer.

• Attention à l'accent qui doit être écrit pour conserver l'accentuation à la forme verbale de base : decir, decirme, decírmelo; diciendo, diciéndolo.

Compléter :

1. Le gustaba su casa, pero acabó por (vender).
2. Nos miró (afirmar) que era la verdad.
3. Lo que nos dijisteis ayer, ¡(repetir)!
4. ¡Saca tu bicicleta y (prestar)!
5. Yo quisiera comprender el problema, ¡(explica)!

➥ Corrigé p. 117.

31 *delante de • adelante • ante*

El coche está aparcado **delante de** la farmacia.
Siempre hay que ir **adelante.**
Ante Dios y **ante** los hombres.

◆ **delante de** : « devant », localisation précise, sans mouvement (sens propre et figuré).

> El coche está aparcado **delante de** la farmacia.
> → La voiture est garée **devant** la pharmacie.
>
> Los grandes de España se cubren **delante** del rey.
> → Les grands d'Espagne se couvrent **devant** le roi (en sa présence).

◆ **adelante** : « devant », mouvement, action en marche (sens figuré).

> Siempre hay que ir **adelante.**
> → Il faut toujours aller **de l'avant.**

• Sans article, avec un nom, indique une direction (sens propre) :

> Fueron camino **adelante.**
> → Ils **poursuivirent** leur chemin.

◆ **ante** : « devant », localisation plus approximative (sens propre et figuré).

> **Ante** Dios y **ante** los hombres.
> → **Devant** Dieu et **devant** les hommes.
>
> **Ante** nosotros se extendía el campo.
> → **Devant** nous s'étendait la campagne.

➥ ante peut être utilisé comme préfixe : anteayer, anteanoche, la antesala…

Ante, adelante ou delante de ?

1. El nuevo presidente pronunció un largo discurso … las Asambleas.
2. La chica se plantó … el espejo para pintarse los labios.
3. El niño declaró que dejaba su deber para más … .
4. … tal acusación, el pobre chico no supo qué contestar.
5. Alguien llamó a la puerta. "…" gritó el padre. ➥ Corrigé p. 117.

32 después • después de • después que

Primero vinieron los niños y, **después**, los padres.
Iré a Correos **después de** escribir esta carta.
Charlaron un momento **después que** hubieron cenado.

◆ **después** : « ensuite », « après » (employé seul).

> Primero vinieron los niños y, **después**, los padres.
> → D'abord vinrent les enfants et, **ensuite**, les parents.

◆ **después de** (+ infinitif présent plutôt que passé) : « après avoir » .

> Iré a Correos **después de** escribir esta carta.
> → J'irai à la poste **après avoir** écrit cette lettre.

• Devant un nom, introduit un complément de temps.

> **Después** de las vacaciones; **después de** las cinco.
> → **Après** les vacances ; **après** cinq heures.

◆ **después (de) que** : « après que... », « une fois que... » (et non pas « depuis que » qui se dit desde que). Est suivi de l'indicatif...

> Charlaron un momento **después (de) que** hubieron cenado.
> → Ils bavardèrent un peu **après qu'ils eurent** dîné.

... ou du subjonctif à la place de l'indicatif futur français.

> Podré explicártelo todo **después de que** me **haya** sentado.
> → Je pourrai tout t'expliquer **après que** je me **serai** assis.

Traduire :

1. Après le mois de septembre, la plage est déserte.
2. Après avoir pratiqué le tennis si longtemps, il veut tout abandonner.
3. Une fois les examens passés, je me sentirai soulagé.
4. Après qu'ils eurent bien crié, ils n'avaient plus de voix.
5. Une fois que j'aurai pris mon bain, je ferai un tour au jardin.

➥ Corrigé p. 117.

33 detrás de • atrás • tras

El presbiterio está **detrás de** la iglesia.
¡No mires hacia **atrás**!
El perro iba siempre **tras** su amo.

◆ **detrás de** : « derrière » (localisation dans l'espace, sans mouvement) (sens propre).

> El presbiterio está **detrás de** la iglesia.
> → Le presbytère est **derrière** l'église.

• Au sens figuré, detrás n'est pas suivi de de.

> La desuella **por detrás.**
> → Il dit du mal d'elle **par derrière.**

◆ **atrás** : « en arrière » (verbe de mouvement) (sens propre et figuré).

> ¡No mires hacia **atrás**!
> → Ne regarde pas **en arrière** !

• Précédé d'un nom, il indique une direction.

> Ir **camino atrás.** Dar **un paso atrás**.
> → **Rebrousser** chemin ; faire **un pas en arrière.**

◆ **tras** (sans accent) : « derrière » (localisation approximative) (sens propre et figuré).

> El perro iba siempre **tras** su amo.
> → Le chien allait toujours **derrière** son maître.
>
> Echar la soga **tras** el caldero. (proverbe)
> → Jeter le manche **après** la cognée (la corde après le chaudron).

Detrás de, atrás ou tras ?

1. Los vendimiadores caminaban uno ... otro.
2. El sacristán había dispuesto flores ... el altar.
3. Había tanto tráfico que tuvimos que hacer marcha ... .
4. ¡...! gritó el cartero al perro que le amenazaba.
5. Hay mucho polvo ... el armario.

➥ Corrigé p. 117.

34 dicen • se dice

Dicen en el periódico que…
Se dice siempre que la vida es dura.

◆ **dicen** : « on dit », correspondant à un groupe limité (ici : les journalistes, ceux qui informent les gens…).

> **Dicen** en el periódico que…
> → **On dit** dans le journal que…
>
> … le **han detenido** cerca de la frontera.
> → … **on** l'**a arrêté** près de la frontière.

◆ **se dice** : « on dit », sens d'une règle générale observée par tous, un conseil, une maxime (tournure la plus fréquente).

> **Se dice** siempre que la vida es dura.
> → **On dit** toujours que la vie est dure.

• Le verbe s'accorde avec le complément devenu sujet, sauf sous la forme d'un pronom.

> **Se veían** jóvenes a lo lejos, **se les oía** cantar.
> → **On voyait** des jeunes gens au loin, **on les entendait** chanter.

Remarque

Avec un verbe pronominal, pour éviter le double emploi de se ou pour traduire un sentiment personnel, on emploie uno, una.

> **Se** acuesta **uno** tarde en verano.
> → **On** se couche tard en été.
>
> No puede **una** hacerlo todo.
> → **On** ne peut pas tout faire (moi qui vous parle).

Compléter :

1. (Afirmar) muchas cosas sin pensarlas.
2. Después de oír los pasos de los soldados, (ver) aparecer.
3. Me parece que (llamar) a la puerta, (oír) ruido.
4. No (poder) uno estar en todo, digo yo.
5. (Hablar) inglés en América del Norte.

➥ Corrigé p. 117.

35 donde • dónde

Esta es la casa donde pasé mi niñez.
¿Dónde viven tus abuelos?

◆ donde : « où » (relatif, sans accent).

Esta es la casa **donde** pasé mi niñez.
→ Voici la maison **où** j'ai passé mon enfance.

• On peut aussi trouver en donde sans verbe de mouvement, a donde ou adonde avec mouvement.

Iré **a donde** vayas, viviré **en donde** vivas.
→ J'irai **où** tu iras, je vivrai **où** tu vivras.

Remarque

On emploie donde pour traduire « que » dans la construction « c'est … que » avec complément de lieu.
➡ 38.

Es aquí **donde** vive Pablo.
→ C'est ici **qu'**habite Paul.

◆ dónde : « où » (interrogatif, avec accent).

¿**Dónde** viven tus abuelos?
→ **Où** habitent tes grands-parents ?

• On peut trouver a dónde (ou adónde) ou en dónde selon qu'il y a mouvement ou non, même dans l'interrogation indirecte.

Dime **a dónde** vas.
→ Dis-moi **où** tu vas.

Traduire :

1. Où as-tu passé tes vacances ? Où allais-tu pour te baigner ?
2. Ils ont acheté une grande maison où ils vivent tous ensemble.
3. Je ne me souviens plus où j'ai vu ce tableau.
4. C'est ici qu'il venait rêver, c'est ici qu'il s'asseyait.
5. Où vas-tu ? D'où es-tu ? D'où viens-tu ?

➡ Corrigé p. 117.

36 *el agua • las aguas*

El agua del grifo.
Las aguas del torrente.

◆ **el agua** : « l'eau ». Par euphonie, on utilise l'article masculin singulier devant un nom féminin commençant par a (ou ha) accentué.

> **El agua** del grifo.
> → **L'eau** du robinet.
>
> **Un** hacha puede ser **un** arma de guerra.
> → Une hache peut être une arme de guerre.

◆ **las aguas** : « les eaux ». La règle précédente ne s'applique pas au pluriel ni devant un adjectif.

> **Las aguas** del torrente.
> → **Les eaux** du torrent.
>
> **La alta** montaña ; **la árida** estepa.
> → **La haute** montagne ; **l'aride** steppe.

• Ni, bien sûr, devant un nom qui n'est pas accentué à l'initiale.

> **La** amapola; **la** ardilla.
> → **Le** coquelicot ; **l'**écureuil.

Compléter :

1. … asta afilada del toro es … amenaza para el torero.
2. … alhaja robada por el ladrón estaba disimulada en … arca.
3. … águila negra pasó por encima de … alta sierra.
4. Se decía que … hada era … alma de un difunto.
5. … Africa del Norte, … América del Sur.

➥ Corrigé p. 117.

37 el orden • la orden

Hemos seguido el orden cronológico.
Obedecer a la orden del jefe.

◆ **el orden** : « l'ordre », au masculin avec le sens de disposition méthodique des choses ou d'ordre architectural.

Hemos seguido **el orden** cronológico.
→ Nous avons suivi **l'ordre** chronologique.

El chico tiene **mucho orden** en su trabajo.
→ Le garçon a **beaucoup d'ordre** dans son travail.

El orden dórico, jónico, corintio…
→ **L'ordre** dorique, ionique, corinthien…

◆ **la orden** : « l'ordre » au féminin avec le sens de commandement ou d'organisation militaire ou religieuse.

Obedecer a **la orden** del jefe.
→ Obéir à **l'ordre** du chef.

¡A **la orden**! mi general.
→ À **vos ordres**, mon général !

La orden de Malta, de Santiago…
→ **L'ordre** de Malte, de Saint-Jacques…

Traduire :

1. On nous donna l'ordre de sortir.
2. Mettre beaucoup d'ordre dans ses papiers.
3. Troubler l'ordre public.
4. Les ordres sacrés.
5. Dans le même ordre d'idées.

➥ Corrigé p. 117.

38 es … donde • es … cuando • es … como

Es en este barrio **donde** viven mis primos.
Es en octubre **cuando** se hacen las vendimias.
Es así **como** se debe trabajar.

◆ **es … donde** : « c'est … que ». Le « que » français se traduit par donde quand il désigne un lieu (complément ou adverbe).

> **Es** en este barrio **donde** viven mis primos.
> → **C'est** dans ce quartier **qu'**habitent mes cousins.
>
> **Es** en el campanario **donde** vi una lechuza.
> → **C'est** dans le clocher **que** j'ai vu une chouette.

◆ **es … cuando** : « c'est … que ». Le « que » se traduit par cuando quand il se rapporte à un complément ou adverbe de temps.

> **Es** en octubre **cuando** se hacen las vendimias.
> → **C'est** en octobre **que** l'on fait les vendanges.
>
> **Es** ayer **cuando** vi a Enrique.
> → **C'est** hier **que** j'ai vu Henri.

◆ **es … como** : « c'est … que ». Le «que » se traduit par como pour un complément ou adverbe de manière.

> Así **es como** se debe trabajar.
> → **C'est** ainsi **que** l'on doit travailler.
>
> **Es** con alegría **como** nos acogerán.
> → **C'est** avec joie **qu'**ils nous accueilleront.

Remarque

Dans les trois cas, il est plus correct de faire accorder les temps des deux verbes.

> **Fue** ayer **cuando vi**; **será** con alegría **como** nos **acogerán.**
> → **C'est** hier **que** je vous **vis** ; **ce sera** avec joie **que** nous nous **retrouverons.**

Traduire :

1. C'est en 1492 que les Rois Catholiques prirent Grenade.
2. C'est dans cette rue que Carlos Saura tourna un film.
3. C'est en faisant du sport que l'on développe son corps.
4. C'est bien lentement qu'il avançait.
5. C'est en juin que les jours sont les plus longs.

➥ Corrigé p. 117.

39 es necesario que venga • sería necesario que viniera

Es necesario, será necesario, pídele **que venga.**
Sería necesario, fue necesario, le pedí **que viniera.**

◆ **es necesario que venga** : « il faut qu'il vienne ». Dans les cas cités ci-dessous, le verbe au présent, au futur de l'indicatif, à l'impératif entraîne un subjonctif présent.

> **Es necesario**, será necesario, pídele **que venga.**
> → **Il faut**, il faudra **qu'il vienne**, demande-lui de venir.

◆ **sería necesario que viniera** (ou **viniese**) : « il faudrait qu'il vienne ». La principale à un temps passé ou au conditionnel entraîne un subjonctif imparfait (forme en ra ou en se).

> **Sería** necesario, fue necesario, le pedí **que viniera.**
> → **Il faudrait**, il fallut qu'il vienne, je lui ai demandé de venir.

➥ Le français devrait logiquement employer l'imparfait du subjonctif après une principale au passé ou au conditionnel (il faudrait qu'il vînt). L'usage en est désormais assez souple.

Remarque

Grands cas où s'exerce cette concordance des temps :

- après un verbe de volonté, d'ordre, de prière (querer, ordenar, pedir...) ;
- après une expression impersonnelle de conseil, d'obligation, de regret (es preciso, posible, lástima que...) ;
- pour exprimer un but (para que, a fin de que...).

Compléter :

1. Es posible que (decidirnos) a ver esta película.
2. Sería agradable que nosotros (poder) dar la vuelta al parque.
3. El hotelero hizo esfuerzos para que nosotros (estar) satisfechos.
4. No quisimos que nuestros amigos (estar) mal alojados.
5. La mamá exigirá que su hijo (poner) en orden su habitación.

➥ Corrigé p. 117.

40 España es rica • la España del siglo veinte

España es rica, **España** es moderna.
La España del siglo veinte, **la España** actual.

◆ **España es rica**. La plupart des noms de pays n'emploient pas l'article défini.

> **España** es rica, **España** es moderna.
> → **L'Espagne** est riche, **l'Espagne** est moderne.

• Il y a des exceptions : la China, el Perú, el Japón, el Canadá, el Ecuador, el Salvador, el Paraguay, el Brasil, etc.

Remarque

Obéissent au même usage les mots : casa (maison) ; clase (classe), caza (chasse) ; pesca (pêche) ; paseo (promenade) ; presidio (bagne) ; Palacio (sens de Palais Royal).

> Ir a **misa**; volver a **casa**; condenar a **presidio.**
> → Aller à **la messe** ; revenir à **la maison** ; condamner **au bagne.**

◆ **la España del siglo veinte**. Les mots régis par la règle précédente retrouvent l'emploi de l'article s'ils sont définis par un complément ou un adjectif.

> **La España** del siglo veinte, **la España** actual.
> → **L'Espagne** du vingtième siècle, **l'Espagne** actuelle.

Remarque

L'article disparaît aussi dans une expression superlative (le plus, le moins...) après un article déjà exprimé.

> **La Paz** es una de las capitales **más altas** del mundo.
> → **La Paz** est une des capitales **les plus hautes** du monde.

Employer ou non l'article :

1. Pasé mis vacaciones en ... Portugal.
2. El rey salió ... Palacio y se dispuso a ir ... caza.
3. Me gusta ... Italia, ... Italia del Renacimiento.
4. Gastón es el chico ... más simpático que conozco.
5. El sol de ... Andalucía, la lluvia de ... Galicia.

➥ Corrigé p. 118.

41 estar cantando • seguir cantando • ir cantando

Ya **está cantando** la alondra.
La chica **sigue cantando** a pesar de su pena.
El grupo de gitanos **va cantando** por el pueblo.

Différents emplois du gérondif :

◆ **estar cantando** : « être en train de… » (l'action est dans son accomplissement).

> Ya **está cantando** la alondra.
> → L'alouette **est** déjà **en train de chanter.**

◆ **seguir** (ou **continuar**) **cantando** : « continuer à » (l'action est déjà engagée et se poursuit).

> La chica **sigue cantando** a pesar de su pena.
> → La jeune fille **continue à chanter** malgré sa peine.

◆ **ir cantando** : « petit à petit », « peu à peu », « l'un après l'autre » (l'action est progressive).

> El grupo de gitanos **va cantando** por el pueblo.
> → Le groupe de gitans **traverse** le village **en chantant.**

Avec le même sens, on peut trouver venir ou andar + gérondif.

> El grupo **venía cantando; se andaba diciendo…**
> → Le groupe **s'approchait en chantant ; on disait ça et là…**

Remarque

S'il y a un pronom, il est placé derrière le gérondif ou devant le premier verbe.

> Yo estaba **explicándoselo**: yo se lo estaba explicando.
> → J'étais **en train de le lui expliquer.**

Conjuguer :

1. En muchas regiones (desaparecer) lo típico.
2. Aquel año, los jornaleros (pedir) trabajo de pueblo en pueblo.
3. La madre estaba de recado y los niños (aburrirse).
4. A pesar de la sequía, los campesinos (cultivar) sus pobres tierras.
5. El músico se acercaba y (tocar) el violín.

➥ Corrigé p. 118.

42 estar por • estar para

Los tres ejercicios **están por** hacer.
Estábamos para salir cuando sonó el teléfono.

◆ **estar por** : « ce qui reste à faire », « avoir envie de », « faire le choix de ».

Los tres ejercicios **están por** hacer.
→ Les trois exercices **sont à** faire.

Estoy por abandonarlo todo.
→ **J'ai envie de** tout abandonner.

El gobierno **está por** una política nueva.
→ Le gouvernement **est pour** une politique nouvelle.

Remarque

• Estar sin (+ infinitif) : « ce qui n'est pas encore fait ».

El problema **está sin** resolver.
→ Le problème **est à** résoudre.

◆ **estar para** : « être dans l'état d'esprit de », au sens d'humeur, de disposition d'esprit.

Estábamos para salir cuando sonó el teléfono.
→ **Nous étions sur le point de** sortir quand le téléphone sonna.

Aquel día, papá no **estaba para** reír.
→ Ce jour-là, papa n'**avait pas envie de** rire.

Estar para, por ou sin ?

1. Los diputados europeos … una negociación immediata.
2. Muy nervioso, el director no … bromas y … mandarnos a paseo.
3. La ropa … lavar y después, … planchar.
4. Hace tres años que las tierras del duque están … labrar.
5. Nosotros … dormirnos cuando hubo un gran ruido.

➥ Corrigé p. 118.

43 este • ese • aquel

Este libro que está aquí.
Ese libro que está ahí.
Aquel libro que está allá.

◆ **este** (pluriel estos), esta, estas : correspond à la 1re personne, ce qui est près de moi ou de nous.

> **Este** libro que está aquí.
> → **Ce** livre qui est ici.

◆ **ese** (pluriel **esos**), esa, esas : 2e personne, ce qui est près de toi ou de vous.

> **Ese** libro que está ahí.
> → **Ce** livre qui est là.

◆ **aquel** (pluriel **aquellos**), aquella, aquellas : 3e personne, ce qui est près de lui ou elle, d'eux ou d'elles.

> **Aquel** libro que está allá.
> → **Ce** livre qui est là-bas.

Remarques

• Ces démonstratifs s'emploient sans accent s'ils sont adjectifs (devant un nom) ou s'ils sont neutres : esto, eso, aquello : « ceci », « cela », « cela là-bas ».

• Ils peuvent traduire une situation dans le temps.

> **Estas** vacaciones, **aquel** día.
> → Ces vacances-**ci**, ce jour-**là**.

• Ils doivent porter un accent écrit s'ils sont pronoms.

> Mi libro es **éste**, el tuyo es **ése**, el suyo es **aquél.**
> → Mon livre est **celui-ci**, le tien est **celui-là**, le sien est **celui-là là-bas.**

Compléter :

1. ¿Por qué lees … libros tan aburridos? Toma …, que es más interesante.
2. … es lo que se llama trabajar, … me gusta.
3. … paraguas es tuyo, … es de Juan.
4. … concierto nos gustó a todos, en … noche de verano.
5. No me gusta … cuadro; tampoco … .

➥ Corrigé p. 118.

44 Felipe Segundo • Alfonso Doce

Felipe Segundo era el hijo de **Carlos Quinto.**
Alfonso Doce es un monarca del siglo diecinueve.

◆ **Felipe Segundo** : « Philippe II » (emploi de l'adjectif numéral ordinal).

> **Felipe Segundo** era el hijo de **Carlos Quinto.**
> → **Philippe II** était le fils de **Charles Quint.**

• Pour les noms de souverains, de papes, les titres de chapitres, les tomes, on a aussi recours à l'ordinal, jusqu'à **dix**.

> El **capítulo primero**; el papa **Alejandro Sexto.**
> → Le **chapitre Un** ; le pape **Alexandre VI.**

◆ **Alfonso Doce** : « Alphonse XII » (emploi de l'adjectif numéral cardinal).

> **Alfonso Doce** es un monarca del siglo diecinueve.
> → **Alphonse XII** est un monarque du **dix-neuvième siècle.**

• On emploie le cardinal :

– dans tous les cas pour les siècles ;

– à partir de **onze** pour les souverains, papes…

> La ocupación árabe va del **siglo ocho** al **siglo quince.**
> → L'occupation arabe va du **huitième** au **quinzième siècle.**

Traduire :

(Écrire les nombres en toutes lettres !)

1. Louis XIV épousa la fille de Philippe IV.
2. Le règne de Ferdinand VII est évoqué au chapitre 11 de ton livre.
3. Henri VIII d'Angleterre était le rival de François Ier.
4. Le siècle d'Or espagnol embrasse presque tout le XVIe et le XVIIe siècle.
5. Le vingtième siècle.

➥ Corrigé p. 118.

45 fue • ha sido

Octubre del año pasado **fue** un mes maravilloso.
Este mes **ha sido** el más lluvioso del año.

Si le français utilise plus volontiers le passé composé, l'espagnol préfère le passé simple.

◆ **fue** : « a été » (action achevée au moment où l'on parle – moment exprimé ou sous-entendu).

Octubre del año pasado **fue** un mes maravilloso.
→ Octobre de l'année dernière **a été** un mois merveilleux.

Anoche **fuimos** al restaurante.
→ Hier soir, nous **sommes allés** au restaurant.

Remarque

On trouve dans le passé simple des exclamations célébrant la fin d'une action.

¡Ya **llegó**! ¡Ya **se acabó**! → Il **est arrivé** ! C'**est fini** !

◆ **ha sido** : « a été » (action en cours de déroulement ou dont les conséquences se prolongent au moment où l'on parle).

Este mes **ha sido** el más lluvioso del año.
→ Ce mois **a été** le plus pluvieux de l'année.

El siglo veinte **ha conocido** un desarrollo extraordinario.
→ Le XXe siècle **a connu** un développement extraordinaire.

Remarque

Même emploi quand un événement n'a pas de repère précis.

Hemos vendido nuestra casa de campo.
→ **Nous avons vendu** notre maison de campagne.

Compléter :

1. Desde hace unos años muchos turistas (comprar) casas en Francia.
2. El accidente (ocurrir) en el cruce de las dos avenidas.
3. El martes pasado (nosotros recibir) la visita de nuestros primos.
4. Sin cesar, en toda su vida, él (trabajar), (sufrir).
5. Al aparecer la comitiva, los cohetes (estallar), los gritos (sonar).

➥ Corrigé p. 118.

46 *grande • gran*

El Río **Grande**; una casa **grande.**
Un **gran** poeta; una **gran** casa.

◆ **grande** : « grand » se place le plus communément après le nom pour traduire une grandeur matérielle, concrète.

> El Río **Grande**; una casa **grande.**
> → El Río **Grande** (le **Grand** Fleuve) ; une **grande** maison (volume, dimensions).

◆ **gran** : « grand » se place sous cette forme devant le nom singulier (masculin ou féminin) au sens figuré.

> Un **gran** poeta ; una **gran** casa.
> → Un **grand** poète (renommée) ; une **grande** maison (importance).

• Dans cet usage, on peut trouver grande devant un nom commençant par une voyelle.

> Una **gran** excitación; una **grande** excitación.
> → Une **grande** excitation.

Remarque

L'adjectif français « grand » dans le sens de « taille élevée » se dit alto.

> El hijo es más **alto** que el padre.
> → Le fils est plus **grand** que le père.

Traduire :

1. Un problème de grande importance.
2. De grands moyens pour un grand projet.
3. Un très grand parc.
4. Une très grande tour.
5. Un grand musicien.

➥ Corrigé p. 118.

47 haber • querer

Yo te **hubiera** ayudado con mucho placer.
Quisiera estar ya de vacaciones.

Ces deux verbes ont une particularité : ils emploient le plus souvent la forme de l'imparfait du subjonctif (en ra) à la place du conditionnel.

◆ **haber** : « avoir »

Yo te **hubiera** ayudado con mucho placer.
→ Je t'**aurais** aidé avec beaucoup de plaisir.

• haber s'emploie surtout comme auxiliaire d'un verbe.

Hubiéramos venido si nos hubieras llamado.
→ Nous **serions** venus si tu nous avais appelés.

◆ **querer** : « vouloir ».

Quisiera estar ya de vacaciones.
→ Je **voudrais** déjà être en vacances.

Quisiéramos hablaros un momento.
→ Nous **voudrions** vous parler un moment.

Remarque

Poder et deber ont aussi des glissements spécifiques dans l'emploi des temps (passé simple ou imparfait pour un conditionnel).

Pudiste avisarme antes.
→ **Tu aurais pu** m'avertir plus tôt.

Debí decírtelo.
→ **J'aurais dû** te le dire.

Traduire :

1. Je voudrais être au bord de la mer.
2. Tu serais sorti avec plaisir.
3. Nous aurions dû partir un peu plus tôt.
4. Je l'aurais volontiers invité à dîner.
5. Je voudrais que mes photos soient bonnes.

➥ Corrigé p. 118.

48 haber • tener

He trabajado.
Tengo muchos libros.

◆ **haber** : « avoir » (auxiliaire pour l'emploi des temps composés de tous les verbes, y compris l'auxiliaire « être » en français).

> **He** trabajado.
> → **J'ai** travaillé.
>
> **He** salido y me **he** divertido.
> → Je **suis** sorti et je me **suis** amusé.

➡ haber ne peut jamais exprimer la possession.

Remarques

• Le participe passé employé avec haber est invariable.

> **Hemos** salido. → Nous sommes sortis.

• haber n'est jamais séparé de son participe passé.

> Nos **hemos divertido** mucho. → Nous nous **sommes** bien **amusés.**

• Il peut signifier « y avoir ».

> **Hay** (altération de ha) mucho viento; va a **haber** tormenta.
> → **Il y a** beaucoup de vent ; il va **y avoir** de l'orage.

➡ 50, 51.

◆ **tener** : « avoir » au sens de « posséder ».

> **Tengo** muchos libros. → **J'ai** beaucoup de livres.

• tener peut être auxiliaire pour une action totalement accomplie avec accord du participe passé.

> **Tengo** escritas dos cartas. → **J'ai** écrit deux lettres (elles sont là).

➡ 101.

Haber ou tener ?

1. Yo … muchas dificultades para corregir los errores que … hecho.
2. … una avería con el coche, … vuelto andando.
3. Nos … aburrido mucho y nos … ido antes de la hora.
4. … mucho tráfico por Pascuas, nosotros … que conducir con cuidado.
5. … preparadas las maletas para nuestro viaje. ➡ Corrigé p. 118.

49 *hasta que se cayó* • *hasta que se caiga*

Leyó **hasta que se cayó** de sueño.
Leerá **hasta que se caiga** de sueño.

◆ **hasta que se cayó** (indicatif) : « jusqu'à ce que » au sens d'une conséquence qui a eu lieu effectivement (temps de la proposition principale au passé).

> Leyó **hasta que se cayó** de sueño.
> → Il a lu **jusqu'à ce qu'il tombe** de sommeil.
>
> Le apalearon **hasta que** perdió el sentido.
> → On lui donna des coups de bâton **jusqu'à ce qu'**il perde connaissance.

◆ **hasta que se caiga** (subjonctif) : « jusqu'à ce que ». Le but ou la conséquence ne sont pas encore obtenus. La principale doit être au futur.

> Leerá **hasta que se caiga** de sueño.
> → Il lira **jusqu'à ce qu'il tombe** de sommeil.
>
> Te esperaré **hasta que** vuelvas.
> → Je t'attendrai **jusqu'à ce que** tu reviennes.

Remarque

Avec un conditionnel, respect de la concordance des temps.

> Me **gustaría** esperarte **hasta que volvieras.**
> → J'**aimerais** t'attendre **jusqu'à ce que** tu **reviennes.**

Compléter :

1. Esperó en el andén hasta que el tren (desaparecer).
2. Insistiremos hasta que (decidirte).
3. El perro ladró hasta que su amo (desatarlo).
4. Me gustaría ayudaros hasta que (haber terminado).
5. No hagas ruido hasta que tu hermanito (despertarse). ➥ Corrigé p. 118.

50 hay • hace

Hay mucho tráfico en esta avenida.
Hace media hora que te espero.

◆ **hay** : « il y a » au sens de « se trouver », « exister » (forme altérée de la 3e personne du singulier du verbe haber).

> **Hay** mucho tráfico en esta avenida.
> → **Il y a** beaucoup de circulation sur cette avenue.

• Il n'y a jamais d'accord avec le complément introduit.

> **Había** algunas personas en la tienda.
> → **Il y avait** quelques personnes dans la boutique.

◆ **hace** : « il y a » au sens de « temps écoulé » (forme impersonnelle du verbe hacer).

> **Hace** media hora que te espero.
> → **Il y a** une demi-heure que je t'attends.

• Il n'y a pas d'accord avec le complément de temps introduit.

> **Hacía** años que no la había visto.
> → **Il y avait** des années que je ne l'avais pas vue.

Compléter :

1. … un siglo, … muchos lobos en esta comarca.
2. … demasiada gente en la Telefónica, … media hora que quiero llamarte.
3. … muchas semanas que esta casa está en obras, … mucho que hacer.
4. Antaño, … aquí un café, … por lo menos veinte años.
5. En este valle … una gran batalla cuando la guerra, … muchos muertos.

➥ Corrigé p. 118.

51 hay que • es preciso

Hay que leer mucho para aprender.
Es preciso llamar al médico.

◆ **hay que** (+ infinitif) : « il faut » au sens d'une obligation forte, d'une exigence.

> **Hay que** leer mucho para aprender.
> → **Il faut** lire beaucoup pour apprendre.

➥ Il faut se souvenir que hay est l'altération de la 3ᵉ personne de haber et qu'on a recours à ce dernier pour les autres formes verbales.

> **Hubo que** darse prisa; **habrá que** obrar con precaución.
> → **Il fallut** se hâter ; **il faudra** agir avec précaution.

◆ **es preciso** (+ infinitif) : « il faut » au sens d'une obligation impersonnelle ou (+ subjonctif) au sens d'une obligation personnelle (« il faut que je… »)

> **Es preciso llamar** al médico.
> → **Il faut appeler** le médecin.
>
> **Es preciso** que **llamemos** al médico.
> → **Il faut que** nous **appelions** le médecin.

Remarque

Même emploi d'obligation personnelle (ou impersonnelle) avec es necesario, es menester, hace falta.

> **Hace falta** practicar deportes; **hace falta** que practiques un deporte.
> → **Il faut** pratiquer des sports ; **il faut que** tu pratiques un sport.

Traduire :

1. Il faudra agir avec prudence.
2. Il faut laisser son parapluie au vestiaire.
3. Il faudrait avoir de l'argent pour entreprendre une croisière.
4. Je ne croyais pas qu'il faudrait attendre aussi longtemps.
5. Il faut conduire avec prudence sur l'autoroute.

➥ Corrigé p. 118.

52 -ito • -cito • -ecito

perr**ito**, cas**ita**, papel**ito**
hombre**cito**, mujer**cita**, cancion**cita**
tren**ecito**, piedr**ecita**, puent**ecito**

Ces diminutifs, très employés, donnent une idée de petitesse, d'affection, de douceur, de gentillesse. Plusieurs façons de se placer derrière le nom, l'adjectif et même l'adverbe.

◆ **-ito, a** : placé derrière les mots en o ou en a, à la place de ceux-ci :

> perr**ito**; cas**ita**, papel**ito**
> → **petit** chien, maison**nette**, **petit** papier

◆ **-cito, a** : derrière les mots terminés en e, n ou r (penser à René) :

> hombre**cito**, mujer**cita**, cancion**cita**
> → **petit** homme, **petite** femme, chanson**nette**

◆ **-ecito, a** : derrière les mots à une seule syllabe (tren) ou contenant les diphtongues ie, ue accentuées :

> tren**ecito**, piedr**ecita**, puent**ecito**
> → **petit** train, **petite** pierre, **petit** pont

Remarque

Attention aux modifications orthographiques possibles pour conserver le même son au radical.

> chico > chi**quito**, chi**quillo**, chi**cuelo** → **petit** copain
>
> mozo > mo**cito**, mo**zuelo** → **jeune** garçon
>
> amigo > ami**guito** → **petit** ami

Donner les diminutifs :

1. un coche • un gato • un joven
2. ahora • Luis • Carmen • la mesa
3. el viento • un árbol • el doctor • la luz
4. la mano • la lección • el cuerno • una muchacha
5. el rey • el pie • el vapor • un huevo

➥ Corrigé p. 118.

53 levantémonos • levantaos

¡Levantémonos, escondámonos, unámonos!
¡Levantaos, escondeos, uníos!

On sait que la plupart des formes verbales qui traduisent l'ordre sont prises au subjonctif. Pour les verbes pronominaux, deux cas spécifiques se présentent à la forme affirmative.

◆ **levantémonos** (avec accent) : « levons-nous ». Chute du s de la 1re personne du pluriel levantemos devant le pronom correspondant.

> ¡Levanté**monos**, escondá**monos**, uná**monos**!
> → Levons-**nous**, cachons-**nous**, unissons-**nous** !

◆ **levantaos** : « levez-vous » (sans accent, sauf pour les verbes en -ir). Chute du d de la 2e personne du pluriel levantad devant le pronom correspondant.

> ¡Levant**aos**, escond**eos**, un**íos!**
> → Levez-**vous**, cachez-**vous**, unissez-**vous** !

Remarque

Cet usage ne s'applique pas aux verbes non réfléchis.

> (Nuestro brazo), ¡levantémoslo!
> → Notre bras, levons-le !
>
> (Vuestro brazo), ¡levantadlo!
> → Votre bras, levez-le !

Traduire :

1. Décidons-nous, hâtons-nous !
2. Décidez-vous, hâtez-vous (vosotros) !
3. Levez-vous, répondez-nous !
4. Approchons-nous, aidons-les !
5. Mettez-vous là, répondez-leur !

➥ Corrigé p. 118.

54 lo • lo de • lo que

Eso es lo trágico de lo ocurrido ayer.
Lo de la sangre contaminada.
Haz lo que te gusta.

◆ lo peut se traduire de deux façons :

• « ce qui est », l'aspect, la particularité de quelque chose (valeur de substantif avec un adjectif, un pronom, un participe).

> Eso es **lo trágico** de lo ocurrido ayer.
> → Voilà **le côté tragique** de ce qui s'est passé hier.

• « à quel point », « comme », « combien » (valeur exclamative – accord de l'adjectif avec le sujet).

> ¡No imaginábamos **lo fáciles** y **lo divertidas** que serían **las preguntas**!
> → Nous n'imaginions pas combien **les questions** seraient **faciles** et **amusantes** !

◆ lo de : toute une périphrase : « ce qui s'est passé », « l'histoire », « la question ».

> **Lo de** la sangre contaminada.
> → **L'affaire** du sang contaminé.

◆ lo que : « ce qui », « ce que ».

> Haz **lo que** te gusta.
> → Fais **ce qui** te plaît.
>
> Repíteme **lo que** dijiste.
> → Répète-moi **ce que** tu lui as dit.

Traduire :

1. Ce qui est à moi est à moi, ce qui est à toi est à nous deux (proverbe).
2. Ce qu'il y a de difficile dans ce cas est précisément ce qui me plaît.
3. Ce qui est curieux, c'est de voir combien ils sont jeunes.
4. L'affaire de l'assassinat du président fut ce qu'il y eut de pire dans la politique américaine.
5. L'histoire de l'autre jour est incroyable.

➥ Corrigé p. 119.

55 lo daré • le daré • se lo daré

(El libro), **lo daré** a Pablo.
(A Pablo), **le daré** el libro.
(El libro, a Pablo) **se lo daré.**

◆ **lo daré** : « je le donnerai », lo, los, la, las correspondent à un complément direct (« le », « les »).

> (El libro), **lo daré** a Pablo.
> → (Le livre) je **le donnerai** à Paul.

◆ **le daré** : « je lui donnerai », le, les correspondent à un complément indirect (« lui », « leur »).

> (A Pablo), **le daré** el libro.
> → (À Paul), **je lui donnerai** le livre.

◆ **se lo daré** : « je le lui donnerai », se lo, se los, se la, se las correspondent aux deux compléments (direct et indirect) de la 3e personne : « le lui », « les lui », « le leur », « les leur », « la lui »...

> (El libro, a Pablo) **se lo daré.**
> → (Le livre, à Paul), je **le lui donnerai.**

• À la différence du français, le pronom indirect est placé en premier lieu sous la forme généralisée de se.

> Estas flores para mi madre, **se las** ofreceré.
> → Ces fleurs pour ma mère, je **les lui** offrirai.

Remarque

Usted et ustedes étant de la 3e personne, même construction pour traduire « vous le », « vous les » compléments.

> Sus guantes, señora, voy a devolvér**selos** (pronoms soudés).
> → Vos gants, madame, je vais **vous les** rendre.

Traduire :

1. Cette lettre est pour mon voisin, je la lui donnerai.
2. J'ai un cadeau pour mes grands-parents, je vais le leur adresser.
3. Ce monsieur a des renseignements, demande-les-lui.
4. Mes amis veulent me rendre mes revues, mais je les leur laisserai.
5. J'ai une bonne nouvelle pour vous, monsieur, je vous la communiquerai.

➥ Corrigé p. 119.

56 los hay que • hay quien

Entre estas frutas, las hay que están verdes.
Hay quien dice que va a haber un referéndum.

◆ los (las) hay que : « il y en a qui », s'applique aux personnes et aux choses.

> Entre estas frutas, **las hay que** están verdes.
> → Parmi ces fruits, **il y en a qui** sont verts.
>
> **Los hay que** no escuchan.
> → **Il y en a qui** n'écoutent pas.

◆ hay quien (au singulier) : « il y en a qui », s'applique seulement aux personnes (forme plus littéraire).

> **Hay quien** dice que va a haber un referéndum.
> → **Il y en a qui** disent qu'il va y avoir un référendum.

Remarque

Il faut se rappeler que hay est une forme altérée du verbe haber…

> **Los (las) había, habrá, hubo que**… (Había, habrá, hubo quien…)
> → **Il y en avait, il y en aura, il y en eut qui**…

… et que, logiquement, il y a correspondance de temps avec le verbe introduit.

> **Los había que** cantaban; **los habrá que** saldrán.
> → **Il y en avait qui** chantaient ; **il y en aura qui** sortiront.

Traduire :

1. Regarde ces enfants, il y en a qui sont très jeunes.
2. Parmi tous ces oiseaux, il y en aura qui tomberont du nid.
3. Il y en a qui croient que tout est possible.
4. Dans ce combat, il y en eut qui périrent.
5. Au milieu du groupe des soldats, il y en avait qui marchaient mal.

➥ Corrigé p. 119.

57 más ... que • más ... de lo que

Los Alpes son **más** altos **que** los Pirineos.
Este probleme es **más** delicado **de lo que** parece.

◆ **más ... que (menos ... que)** : « plus que ». Cet emploi n'est possible que si le deuxième terme de la comparaison porte sur un adjectif, un pronom, un adverbe, un nom ou un infinitif.

> Los Alpes son **más** altos **que** los Pirineos.
> → Les Alpes sont **plus** hautes **que** les Pyrénées.
>
> La princesa estaba **más ricamente** vestida **que la reina.**
> → La princesse était **plus richement** vêtue **que la reine.**

◆ **más ... de lo que (menos ... de lo que)** : « plus ... que ».

> Este probleme es **más** delicado **de lo que** parece.
> → Ce problème est **plus** délicat **qu'**il ne semble.

• Quand le deuxième terme de la comparaison est un verbe, on emploie de lo que et le « ne » ne se traduit pas.

> Es mucho **más** joven **de lo que** yo creía.
> → Il (elle) est **beaucoup** plus jeune **que** je ne croyais.

Remarque

Quand le premier terme est un nom, on emploie l'article qui lui correspond.

> Este negocio necesita **más inversiones de las que** se pueden obtener.
> → Cette affaire demande **plus d'investissements qu'**on n'en peut obtenir.

Traduire :

1. Tu as un meilleur accent que le mien.
2. Il me semble moins méchant que sot.
3. Il est plus riche qu'il ne le dit.
4. Ce monsieur a plus d'amis que tu n'en as.
5. Le plomb est moins résistant que l'acier.

➥ Corrigé p. 119.

58 *medio • a medio • a medias*

La botella estaba **medio** llena.
Mi trabajo está **a medio** terminar.
No hay que hacer las cosas **a medias.**

◆ **medio** : « à moitié », « à demi » (invariable devant un adjectif ou un participe passé).

La botella estaba **medio** llena.
→ La bouteille était **à moitié** pleine.

Estaban todos **medio** dormidos.
→ Ils étaient tous **à moitié** endormis.

◆ **a medio** : « à moitié », « à demi » (invariable devant un infinitif).

Mi trabajo está **a medio** terminar.
→ Mon travail est **à moitié** terminé.

Su pantalón está **a medio** planchar.
→ Son pantalon est **à moitié** repassé.

◆ **a medias** : « à moitié », « à demi » (invariable, se place derrière le verbe).

No hay que hacer las cosas **a medias.**
→ Il ne faut pas faire les choses **à moitié.**

Lo comprendía todo **a medias.**
→ Il comprenait tout **à moitié.**

Remarque

• medio (a, os, as) placé devant le nom et sans article : « un demi... », « une demi... ». De la même manière, y medio (os, a, as) derrière le nom.

Se bebió **media** botella de agua; tardaron hora **y media** para volver.
→ Il but **une demi**-bouteille d'eau ; ils mirent une heure **et demie** pour revenir.

Compléter :

1. ... camino, vieron un perro enorme; estaban ... muertos de miedo.
2. La casa estaba ... construír al fin del año.
3. Escuchó el discurso y sólo lo oyó... .
4. Mi novela está ... leer, estoy ... apasionado.
5. A pesar del frío, la pobrecita estaba ... vestida.

➥ Corrigé p. 119.

59 mientras • mientras que

Mientras estás de pie, tráeme mi periódico.
A Pablo le gusta leer **mientras que** su hermano prefiere el fútbol.

◆ **mientras** (+ subjonctif) : « pendant que », « tant que ».

> **Mientras** estás de pie, tráeme mi periódico.
> → **Pendant que** tu es debout, apporte-moi le journal.

Ce mot, comme toutes les conjonctions de temps, appelle le subjonctif à la place du futur de l'indicatif français :

> **Mientras** duerman los niños, la madre podrá leer un momento.
> → **Pendant que** les enfants dormiront, la mère pourra lire un moment.

◆ **mientras que** : « alors que », « tandis que », sens d'une opposition très forte.

> A Pablo le gusta leer **mientras que** su hermano prefiere el fútbol.
> → Paul aime lire **alors que** son frère préfère le football.
>
> **Mientras que** gritaban sus compañeros, él se callaba.
> → **Tandis que** ses compagnons criaient, lui se taisait.

Traduire :

1. J'éplucherai les pommes de terre pendant que tu iras au marché.
2. La pauvre femme travaille alors que son mari fait la sieste.
3. Tant qu'il y aura de la vie, il y aura de l'espoir.
4. Il ne pleure pas tant qu'on s'occupe de lui.
5. Le fils dort tard alors que le père se lève à l'aube. ➥ Corrigé p. 119.

60 mira • mirad

¡Mira, lee, repite!
¡Mirad, leed, repetid!

◆ **mira** : « regarde ». Pour un ordre (affirmatif) donné à quelqu'un que l'on tutoie, on a recours à la 3e personne de l'indicatif présent.

> ¡**Mira**, lee, repite!
> → **Regarde**, lis, répète !

• Avec un pronom complément.

> ¡**Míralo**, léelo, repítelo!
> → **Regarde-le**, lis-le, répète-le !

◆ **mirad** : « regardez ». Pour un ordre (affirmatif) donné à un groupe de personnes que l'on tutoie séparément (vosotros, vosotras), on emploie : infinitif – le r final + d.

> ¡**Mirad**, leed, repetid!
> → **Regardez**, lisez, répétez !

• Avec un pronom complément.

> ¡**Miradlo**, leedlo, repetidlo!
> → **Regardez-le**, lisez-le, répétez-le !

➠ Pour tous les autres ordres aux autres personnes, emploi du **subjonctif**. S'il y a des pronoms, ceux-ci sont soudés à la forme affirmative uniquement.

> Señor, **siéntese**; no **se quede** de pie.
> → Monsieur, **asseyez-vous**, ne **restez** pas debout.

Traduire :

1. Regardez-moi (vosotros), écoutez-moi.
2. Apprends ta leçon, ne regarde pas ailleurs.
3. Attendez-moi (usted), ne marchez pas si vite.
4. Aidons-les, ne les abandonnons pas.
5. En cas de besoin, appelle-moi, n'aie pas peur.

➥ Corrigé p. 119.

61 *mucho • muchos*

Me gusta mucho la cocina española.
El ejercicio presenta muchas dificultades.

◆ mucho : « beaucoup » (l'adverbe mucho s'appliquant à un verbe est invariable).

Me gusta **mucho** la cocina española.
→ J'aime **beaucoup** la cuisine espagnole.

◆ muchos (as, o, a) : « beaucoup de » (l'adverbe de quantité mucho peut être utilisé comme adjectif et prendre l'accord).

El ejercicio presenta **muchas** dificultades.
→ L'exercice présente **beaucoup de** difficultés.

Remarques

• Les règles précédentes s'appliquent également aux adverbes ou adjectifs de quantité : poco, peu ; demasiado, trop ; bastante, assez ; harto, assez ; tanto, autant ; cuanto, tout ce que.
➥ 24.

Demasiadas personas estaban **bastante** mal vestidas.
→ **Trop de** personnes étaient **assez** mal vêtues.

Tengo **bastantes** libros para darme **cuanto** ignoro.
→ J'ai **assez de** livres pour me donner **tout ce que** j'ignore.

• Mucho devient muy (invariable) avec un adjectif, un participe ou un adverbe.

Muy amable, **muy** preocupado, **muy** lentamente.
→ **Très** aimable, **très** préoccupé, **très** lentement.

Traduire :

1. Nous travaillons beaucoup, nous sommes très occupés.
2. Il a tant de chemises qu'il n'a pas assez de tiroirs pour les ranger.
3. Il a peu de moyens, mais il a assez de patience.
4. Il fait trop de fautes, beaucoup plus de fautes que son jeune frère.
5. Elle se sentait trop fatiguée pour sortir.

➥ Corrigé p. 119.

62 *nada • no ... nada*

Nada entiendo de lo que me dices.
No entiendo nada de lo que me dices.

◆ nada : « ne ... rien » (la négation nada placée **devant** le verbe est employée seule).

> **Nada** entiendo de lo que me dices.
> → Je **ne** comprends **rien** à ce que tu me dis.
>
> **Nada** hiciste en toda la mañana.
> → Tu **n'**as **rien** fait de toute la matinée.

◆ no ... nada : « ne ... rien » (la négation nada placée **derrière** le verbe doit être renforcée par la négation no).

> **No** entiendo **nada** de lo que me dices.
> → Je **ne** comprends **rien** à ce que tu me dis.
>
> **No** quiero hacer **nada** que te disguste.
> → Je **ne** veux **rien** faire qui te déplaise.

Remarque

Obéissent au même emploi les négations nunca, jamás, jamais, nadie, personne, ninguno (a) aucun (e), tampoco, non plus, en mi vida, de ma vie.

> No podré **nunca** terminar esta tarea, **nunca** tendré bastante paciencia.
> → Je ne pourrai **jamais** terminer ce travail, je n'aurai **jamais** assez de patience.
>
> **En mi vida** fui al circo: **no** fui al circo **en mi vida.**
> → **Jamais de ma vie** je ne suis allé au cirque.

Formuler autrement :

1. No ha venido nadie, ningún candidato se presentó.
2. Jamás lo consentiré, no me convencerá tampoco tu insistencia.
3. Nunca le hablé; él no me hace caso tampoco.
4. No lo haré, de ninguna manera, y nadie me hará callar.
5. No he visto una corrida en mi vida, no sé nada de la tauromaquia.

➥ Corrigé p. 119.

63 no • ya no

El actor no sabía su texto.
El actor ya no sabía su texto.

◆ **no** : « ne … pas ». Se place devant le verbe…

> El actor **no** sabía su texto.
> → L'acteur **ne** savait **pas** son texte.

… mais aussi devant un nom ou un adverbe, surtout en début de phrase :

> **No** todos lo hacen; **no** sin razón lo dice.
> → Tous ne peuvent pas le faire ; ce **n'**est **pas** sans raison qu'il le dit.

◆ **ya no** : « ne … plus » (ya placé devant le no transforme « ne … pas » en « ne … plus »).

> El actor **ya no** sabía su texto.
> → L'acteur **ne** savait **plus** son texte.

• ya peut être placé après no + verbe, avec le même sens.

> El actor **no sabía ya** su texto.
> → L'acteur **ne savait plus** son texte.

Traduire :

1. Il ne boit plus, il ne fume plus.
2. Je ne peux pas te répondre.
3. Ce n'est pas toujours qu'il est de bonne humeur.
4. Ils ne voulaient plus se voir (2 façons).
5. Ce n'est pas sans motif qu'il a pris cette décision.

➥ Corrigé p. 119.

64 no sé cuándo • no sé si

No sé cuándo vendrán.
No sé si vendrán.

◆ **no sé cuándo** : « je ne sais pas quand ». Même quand l'interrogation est indirecte, les mots d'interrogation conservent l'accent écrit : qué, dónde, cómo, quién, cuánto, cuál…

> **No sé cuándo** vendrán.
> → **Je ne sais pas quand** ils viendront.
>
> Quisiera saber **cuánto** vale este diamante y **quién** puede comprarlo.
> → Je voudrais savoir **combien** vaut ce diamant et **qui** peut l'acheter.

Remarque

Cette tournure indirecte est introduite par les verbes preguntarse, no saber, querer saber, ignorar, decir, repetir…

◆ **no sé si** : « je ne sais pas si ». Si échappe à cette règle de l'accent (pour ne pas le confondre avec l'adverbe d'affirmation sí ainsi que lo que).

> **No sé si** vendrán.
> → **Je ne sais pas s'**ils viendront.
>
> No puedo decir **si** vinieron ni **lo que** hicieron.
> → Je ne peux pas dire **s'**ils sont venus ni **ce qu'**ils ont fait.

Traduire :

1. Nous ne savons pas qui leur a ouvert la porte.
2. Dis-moi quel est ton nom.
3. Je me demande s'il a reçu ma lettre.
4. Je veux savoir ce que tu as fait.
5. Nous ignorons où demeure notre maître.

➥ Corrigé p. 119.

65 nosotros • nos

Nosotros somos privilegiados.
Muchos nos envidian.

◆ **nosotros (as)** : « nous », cette forme est employée quand elle est sujet de la phrase (pour marquer l'insistance) ou derrière une préposition.

> **Nosotros** somos privilegiados.
> → **Nous**, nous sommes privilégiés.
>
> Siéntate cerca **de nosotros**; piensa **en nosotros.**
> → Assieds-toi près **de nous** ; pense **à nous.**

Son emploi est inutile s'il n'y a pas de notion d'insistance.

> Somos privilegiados.
> → Nous sommes privilégiés.

◆ **nos** : « nous », forme unique pour le masculin et le féminin, utilisée comme pronom (direct, indirect ou réfléchi).

> Muchos **nos** envidian.
> → Beaucoup **nous** envient.
>
> El recién llegado **nos** llamó y **nos** habló un momento.
> → Le nouveau venu **nous** appela et **nous** parla un moment.

Remarque

Sous cette forme de complément, nos se soude derrière le verbe à l'impératif affirmatif, au gérondif, à l'infinitif.

> **Míranos**. → **Regarde-nous**.
>
> Están **mirándonos.** → Ils sont **en train de nous regarder.**
>
> ¡Deja de **mirarnos**! → Cesse de **nous regarder !**

➥ 108.

Traduire :

1. Nous sommes les premières ; je suis fière de nous.
2. Les enfants, donnez-nous vos résultats !
3. Nous sommes contentes, on va vous récompenser.
4. Il nous tendit le journal en nous souriant.
5. Elle nous vit et se précipita vers nous.

➥ Corrigé p. 120.

66 ojalá • con tal que

¡Ojalá haga buen tiempo mañana!
Está contento con tal que se le admire.

◆ **ojalá** : « pourvu que », formule qui vient de l'arabe (« fasse Allah que… ! ») pour exprimer un souhait, un désir (avec subjonctif présent).

> ¡**Ojalá** haga buen tiempo mañana!
> → **Pourvu qu'**il fasse beau demain !

• Avec le subjonctif imparfait, expression du regret (« ah ! si seulement !… »).

> ¡**Ojalá** no le hubiera conocido…!
> → **Ah ! Si seulement** je ne l'avais pas connu !…

◆ **con tal que** (+ subjonctif) : « pourvu que », « à condition que ».

> Está contento **con tal que** se le admire.
> → Il est content **pourvu qu'**on l'admire.

• Respect de la concordance des temps.

> Vendrían **con tal que** se les reservara una habitación.
> → Ils viendraient **pourvu que** (à condition que) on leur réserve une chambre.

Remarque

Emploi de con tal que avec un infinitif lorsque le sujet sous-entendu de celui-ci est le même.

> Iré al cine **con tal de** ver una buena película.
> → J'irai au cinéma **à condition de** voir un bon film.

Traduire :

1. Pourvu que personne ne nous ait vus !
2. Tu peux prendre n'importe quel livre pourvu que tu me le rendes.
3. Ah ! si seulement j'avais eu quelques économies !
4. Je saurais résoudre ce problème à condition que tu m'aides.
5. Pourvu que papa soit rentré !

➥ Corrigé p. 120.

67 oler a • saber a

Olía a jazmín en el tocador de la condesa.
Estas sardinas **saben a** metal.

◆ **oler a** : « avoir l'odeur de » (absence d'article défini) (sens propre et figuré).

> **Olía a** jazmín en el tocador de la condesa.
> → Ça **sentait** le jasmin dans le cabinet de toilette de la comtesse.

• À la 3e personne du présent, la diphtongaison du verbe en ue entraîne la présence d'un h initial.

> **Huele a** gasolina, **huele a** humo de cigarrillo.
> → **Ça sent** l'essence, **ça sent** la fumée de cigarette.

• Sens figuré :

> Ese hombre **me huele a** granuja.
> → Cet homme **me donne le sentiment d'**être un voyou.

➥ oler bien, oler mal : « sentir bon », « sentir mauvais » (sens propre).

◆ **saber a** : « avoir le goût de » (absence d'article défini).

> Estas sardinas **saben a** metal.
> → Ces sardines **ont le goût de** métal.

➥ Saber bien, saber mal : « avoir bon goût », « avoir mauvais goût ».

> **No sabe bien** la sopa, **sabe** a quemado.
> → La soupe **n'a pas bon goût**, elle **a goût** de brûlé.

Le verbe a les irrégularités de saber : « savoir ».

Traduire :

1. Ça sentait bon dans la cuisine, ça sentait la viande rôtie.
2. Pour que le poulet n'ait pas mauvais goût, enlève le fiel du foie.
3. Je préfère que ça sente la menthe plutôt que l'oignon.
4. Mets du safran, ton riz aura meilleur goût.
5. Cette viande sent bon, mais elle a mauvais goût. ➥ Corrigé p. 120.

68 para • por

Esta carta es **para** ti. ¡Siéntate **para** leerla!
Te presto este dinero **por** un año, a seis **por** ciento.

◆ **para** : « pour », s'emploie pour le but, l'intention, la destination, le projet.

> Esta carta es **para** ti. ¡Siéntate **para** leerla!
> → Cette lettre est **pour** toi. Assieds-toi **pour** la lire !

• Également pour traduire l'opinion, le point de vue (« selon moi », « à mon avis »).

> **Para** él, lo que cuenta es comer bien.
> → **Pour** lui, ce qui compte, c'est de bien manger.

◆ **por** : emploi plus délicat. Dans presque tous les cas, équivaut au français « par ».

> **Por** casualidad. Dividir **por** cinco. Pasar **por** tal camino...
> → **Par** hasard. Diviser **par** cinq. Passer **par** tel chemin...

• Traduit aussi « pour » lorsqu'il s'agit de durée, de prix.

> Te presto este dinero **por** un año, a seis **por** ciento.
> → Je te prête cet argent **pour** un an, à six **pour** cent.

• Ainsi que le motif, l'échange, l'équivalence.

> Un señor conocido **por** su bondad. Ojo **por** ojo, diente **por** diente.
> → Un monsieur connu **pour** sa bonté. Œil **pour** œil, dent **pour** dent.

• Ou le choix, l'option (« en faveur de »).

> morir **por** la patria → mourir **pour** la patrie

Por ou para ?

1. Mi hermano se fue a Madrid ... tres meses, volverá ... la primavera.
2. Le felicitaron ... su discurso y casi todos brindaron ... él.
3. Estudiaba ... abogado, pero lo abandonó todo ... una razón desconocida.
4. Estábamos ... salir cuando un amigo preguntó ... mí.
5. Votaré ... este candidato porque él está ... una acción inmediata.

➥ Corrigé p. 120.

69 para mí • según yo

Todo este correo es **para mí.**
Según yo, habrá nieve.

◆ **para mí** : « pour moi ». Au lieu de yo et tú, on emploie mí et ti après une préposition.

> Todo este correo es **para mí.**
> → Tout ce courrier est **pour moi.**
>
> Estoy solo **sin ti.**
> → Je suis seul **sans toi.**

Remarque

Avec con : conmigo, contigo, consigo (« avec moi », « avec toi », « avec soi »).

> Puedes contar **conmigo**.
> → Tu peux compter **sur moi**.

◆ **según yo** : « selon moi ». Il y a des exceptions à l'emploi précédent : on conserve yo et tú après según (« selon »), entre (« entre »), salvo (« sauf »), excepto (« excepté »).

> **Según yo**, habrá nieve. → **Selon moi**, il y aura de la neige.
>
> Todos salieron, **salvo yo**. → Tous sortirent **sauf moi.**
>
> **Entre tú** y yo, una eterna amistad.
> → **Entre toi** et moi, une éternelle amitié.

• Et, bien sûr, après les mots qui introduisent une fonction sujet : como, igual que, lo que…

> ¡Haz **como yo!**
> → Fais **comme moi !** (sous-entendu : je fais)

Traduire :

1. Nous avons parlé de toi.
2. Tous les amis viendront, excepté toi.
3. Il ne faut pas emporter trop d'argent sur soi.
4. Même toi, tu me mens.
5. Il me regarda et se dirigea vers moi.

➥ Corrigé p. 120.

70 *pensar en • contar con*

Pensaré mucho **en** ti.
Hay que **contar con** los amigos.

De nombreux verbes espagnols ne s'emploient pas avec la même préposition qu'en français.

◆ **pensar en** : « penser à ».

Pensaré mucho **en** ti. → Je **penserai** beaucoup **à** toi.

• Quelques exemples avec en.

ocuparse **en** leer → s'occuper **à** lire
afanarse **en** un trabajo → s'évertuer **au** travail
interesarse **en** una empresa → s'intéresser **à** une entreprise

◆ **contar con** : « compter sur ».

Hay que **contar con** los amigos. → Il faut **compter sur** les amis.

• Quelques exemples avec con :

soñar **con** fantasmas → rêver **de** fantômes
perfurmarse **con** jazmín → se parfumer **au** jasmin
acompañar **con** el piano → accompagner **au** piano

• Avec la préposition de :

tirar **de** una cuerda → tirer **sur** une corde
colgar **de** un clavo → accrocher **à** un clou
coger **de** la mano → prendre **par** la main...

➥ Beaucoup d'autres usages avec a, por, para, etc.

Compléter :

a • con • de • en • por

1. Abalanzarse ... los peligros; salir ... la calle.
2. Vestirse ... paisano; ahorcarse ... un árbol.
3. Esforzarse ... obrar bien; volver ... sí.
4. Encogerse ... hombros; encontrarse ... un obstáculo.
5. Entender ... informática; caer ... el suelo.

➥ Corrigé p. 120.

71 pero • sino

El perro ladra **pero** no muerde.
Elena no vendrá en tren **sino** en coche.

◆ **pero** : « mais », pour traduire l'opposition après une phrase affirmative.

El perro ladra **pero** no muerde. → Le chien aboie **mais** ne mord pas.

Remarque

Après une phrase négative, pero sí équivaut à « néanmoins », « cependant ».

No era alto el chico, **pero sí** bastante fuerte.
→ Le garçon n'était pas grand, **mais néanmoins** assez fort.

◆ **sino** : « mais » avec le sens d'une opposition très nette. S'emploie après une phrase négative.

Elena no vendrá en tren **sino** en coche.
→ Hélène **ne** viendra **pas** en train **mais** en voiture.

Remarques

• Emploi de sino que si l'opposition porte sur deux propositions (deux verbes).

No me gusta el cine **sino que** prefiero el teatro.
→ Je **n'**aime **pas** le cinéma **mais** je préfère le théâtre.

• L'expression française « non seulement… mais encore (mais aussi) » se traduit par no sólo … sino también (sino que también s'il y a deux verbes).

No sólo trabaja de día **sino también** de noche.
→ **Non seulement** il travaille le jour, **mais aussi** la nuit.

Compléter :

1. La ballena no es un pez … un mamífero.
2. … habla chino … sabe escribirlo.
3. No quiso aceptar café, … una taza de té.
4. El niño quiso escaparse, … su madre le agarró de la mano.
5. … me fastidias, … me mareas con tus discursos. ➥ Corrigé p. 120.

72 *ponerse • volverse • hacerse*

Se pone triste el abuelo cuando está solo.
En otoño, las hojas de los árboles **se vuelven** amarillas.
El doctor **se ha hecho** el defensor de los pobres.

◆ **ponerse** : « devenir » au sens d'une transformation passagère (se place devant un adjectif ou un participe).

> **Se pone triste** el abuelo cuando está solo.
> → Le grand-père **devient triste** quand il est tout seul.
>
> Él **se puso pálido** al oír la noticia.
> → Il **est devenu pâle** en entendant la nouvelle.

◆ **volverse** : « devenir » au sens d'un changement durable ou définitif (se place devant un adjectif ou un nom).

> En otoño, las hojas de los árboles **se vuelven amarillas.**
> → En automne, les feuilles des arbres **deviennent jaunes.**
>
> El pobre **se volvió loco.**
> → Le pauvre **est devenu fou.**

◆ **hacerse** : « devenir » au sens d'une transformation voulue ou d'un changement physique ou moral (se place devant un adjectif ou un nom).

> El doctor **se ha hecho el defensor** de los pobres.
> → Le docteur **est devenu le défenseur** des pauvres.
>
> **Se hace quisquilloso.**
> → **Il devient susceptible** (chatouilleux).

Traduire :

1. Ce vin si bon est devenu du vinaigre.
2. Le fils est devenu un homme et le père est devenu vieux.
3. Il est devenu tout rouge quand je lui ai parlé.
4. Depuis sa nomination, il est devenu prétentieux.
5. Quand le temps devient chaud, mon chien devient furieux.

➥ Corrigé p. 120.

73 *pongo • me pongo*

Pongo mi jersey cuando hace frío.
Me pongo el jersey cuando hace frío.

◆ **pongo** : « je mets » (formule moins employée).

> **Pongo** mi jersey cuando hace frío.
> → **Je mets mon** pull-over quand il fait froid.
>
> El jornalero **gana su vida** de un dueño a otro.
> → Le journalier **gagne sa vie** d'un patron à l'autre.

◆ **me pongo** : « je mets ». Formule la plus employée (penser aux tournures françaises correspondant aux soins du corps : « je **me** lave **les** dents », « je **me** protège **les** yeux »...). On évite le possessif par l'emploi d'un pronom personnel.

> **Me pongo** el jersey cuando hace frío.
> → Je **mets mon** pull-over quand il fait froid.
>
> El jornalero **se** gana **la** vida de un dueño a otro.
> → Le journalier **gagne sa vie** d'un patron à l'autre.

Remarques

• Cette construction peut s'appliquer à des verbes déjà pronominaux.

> **Se le** escapó el plato de **las** manos. → Le plat **lui** échappa **des** mains.
>
> **Se le** secó **el** cerebro. (*Don Quijote*) → **Son** cerveau **se** dessécha.

• Cette tournure introduit un complément de manière avec verbe au gérondif.

> **Se** pasa horas enteras **mirando** la televisión.
> → Il passe **des** heures entières **à regarder** la télévision.

Formuler autrement :

1. ¿Se ha pasado vuestro mal humor de anoche?
2. ¡Quitemos nuestras botas y pongamos nuestras zapatillas!
3. ¿Cómo pudo pasar por vuestra cabeza tan extraña idea?
4. Su neumático (de ustedes) estalló en la autopista.
5. Nuestro abuelo se murió.

➥ Corrigé p. 120.

74 por más que • por mucho que • por muy … que

Por más que trabaja, no progresa.
Por muchos esfuerzos **que** hace, no progresa.
Por muy trabajador **que** es, no progresa.

◆ **por más que** : « il a beau ».

> **Por más que** trabaja, no progresa.
> → **Il a beau** travailler, il ne progresse pas.

◆ **por mucho(s) que** : « il a beau », même emploi que por más que avec un verbe (mucho est invariable, mais il s'accorde devant un nom).

> **Por muchos** esfuerzos **que** hace, no progresa.
> → **Il a beau faire** des efforts, il ne progresse pas.
> (**Quels que soient** les efforts)

◆ **por muy … que** : « il a beau ». Devant un adjectif, mucho devient muy.

> **Por muy** trabajador **que** es, no progresa.
> → **Il a beau** être travailleur, il ne progresse pas.
> (**Tout travailleur qu'il** soit…)

Remarque

L'emploi des modes. Selon la réalité ou l'hypothèse, on utilisera l'indicatif ou le subjonctif.

> **Por más que** dice; **por más que** diga.
> → **Il a beau** dire; **il aura beau** dire.

Cependant, le subjonctif a tendance à prévaloir dans tous les cas.

> **Por más que** digas, nadie te cree.
> → **Tu as beau** dire, personne ne te croit.

Traduire :

1. Le lièvre a beau se hâter, il ne rejoindra pas la tortue.
2. Quelques bons que soient tes arguments, ils ne me convaincront pas.
3. Tout intelligent qu'il fût, il faisait des erreurs.
4. J'aurais beau être fatigué, je continuerais à marcher.
5. Tu auras beau insister, je ne t'écouterai pas.

➥ Corrigé p. 120.

75 por qué • porque • porqué

¿Por qué no me escribiste?
Porque no me daba la gana.
Es el porqué de mi actitud.

◆ **por qué** : « pourquoi » au sens d'une interrogation. En deux mots, avec accent (¿por qué razón?).

> ¿**Por qué** no me escribiste? → **Pourquoi** ne m'as-tu pas écrit ?
>
> ¿**Por qué** no me contestas? → **Pourquoi** ne me réponds-tu pas ?

◆ **porque** : « parce que » au sens explicatif. En un seul mot, sans accent.

> **Porque** no me daba la gana.
> → **Parce que** je n'en avais pas envie.
>
> Me voy, **porque** ya es tarde.
> → Je m'en vais, **parce qu'**il est déjà tard.

◆ **porqué** : « (le) pourquoi », « la cause », « le motif ». En un seul mot, avec accent, ce substantif précédé d'un article peut prendre la forme du pluriel).

> Es el **porqué** de mi actitud.
> → C'est **le pourquoi** (la cause) de mon attitude.
>
> **Los porqués** de una decisión.
> → **Les motifs** d'une décision.

• On l'utilise aussi dans l'interrogation indirecte.

> Yo te pregunto **porqué** no me contestas.
> → Je te demande **pourquoi** tu ne me réponds pas.

Traduire :

1. Nous essaierons de connaître le motif de cette affaire.
2. – Pourquoi ne fermes-tu pas la porte ? – Parce que je trouve qu'il fait un peu chaud.
3. Je veux savoir pourquoi tu n'as pas encore fini tes devoirs.
4. Ce sont les raisons pour lesquelles je ne t'ai pas répondu plus tôt.
5. Pourquoi ne m'écoutes-tu pas ? Est-ce parce que je te dérange ?

➥ Corrigé p. 120.

76 preguntar • pedir

Pregunta al pintor cuánto vende su cuadro.
Pide al pintor que te venda su cuadro.

◆ **preguntar** : « demander » en attendant une réponse verbale (ici le peintre répondra qu'il vend à tel prix).

> **Pregunta** al pintor cuánto vende su cuadro.
> → **Demande** au peintre combien il vend son tableau.

• Si preguntar introduit une interrogation indirecte, on doit mettre l'accent écrit sur les adverbes qui portent cette interrogation.

> **¡Pregúntale cómo, dónde, quién...!** (sauf « si »).
> → **Demande**-lui **comment, où, qui... !**

◆ **pedir** : « demander » en attendant une réponse se concrétisant par une action (ici le peintre vend ou ne vend pas). De plus, l'infinitif se traduit par un subjonctif espagnol, avec application de la concordance des temps.

> ¡**Pide** al pintor que te **venda** su cuadro!
> → **Demande** au peintre de te **vendre** son tableau !
>
> Te **pido** que me **hagas** (te **pedí** que me **hicieras**) un favor.
> → Je te **demande** (je t'**ai demandé**) de me **faire** une faveur.

On peut dans certains cas (formules de correspondance) supprimer le que de relation.

> Le **pido reciba** mis saludos.
> → Je vous **prie de recevoir** mes salutations.

Traduire :

1. Demande l'heure à ce monsieur. Demande-lui aussi où est la gare !
2. Je te demande de ranger ta chambre, je ne te demande rien d'autre.
3. Il me demanda quel âge j'avais, je lui demandai de ne pas poser de telles questions.
4. Nous lui demandâmes de se taire et de sortir.
5. Demandons-leur où ils habitent !

➥ Corrigé p. 120.

77 que • qué

El director de la empresa es un señor **que** sabe mandar.
¡**Qué** ruido! ¿**Qué** pasa?

◆ **que** : « que », « qui ». Sans accent, que est un simple relatif, le plus utilisé quand il suit immédiatement son antécédent. Il se rapporte à des personnes ou à des choses, peut être sujet (qui) ou complément (que).

> El director de la empresa es un hombre **que** sabe mandar.
> → Le directeur de l'entreprise est un homme **qui** sait commander.
>
> El libro **que** acabo de leer es una obra **que** me gusta.
> → Le livre **que** je viens de lire est une œuvre **qui** me plaît.

Remarque

Pour les personnes, ➥ 96 (quien).

◆ **qué** : « que », « quel(s) », « quelle(s) ». Avec accent, est interrogatif ou exclamatif devant un nom, un adjectif, un adverbe ou un verbe. ➥ 78.

> ¡**Qué** ruido! ¿**Qué** pasa?
> → **Quel** bruit ! **Que** se passe-t-il ?
>
> ¿**Qué** más? ¿**Qué** decir? ¿**Qué** disco escuchas?
> → **Quoi** d'autre ? **Que** dire ? **Quel** disque écoutes-tu ?

Remarque

L'accent est maintenu dans l'interrogation indirecte.

> No sé la hora **que** es (relatif); no sé **qué** hora es (interrogatif).
> → Je ne sais pas l'heure **qu'**il est; je ne sais pas **quelle** heure il est.

Traduire :

1. C'est un garçon qui joue bien au football.
2. Comme je suis content ! Quel plaisir d'être ici !
3. Dis-moi quel jour nous sommes ! Quelle date est-ce aujourd'hui ?
4. Le film qui m'a tant plu est un film que tu as déjà vu.
5. J'ai rencontré un monsieur que j'ai connu en vacances.

➥ Corrigé p. 121.

78 ¡qué buen chico! • ¡qué chico más bueno!

¡**Qué buen** chico! ¡**Qué fiel** amigo!
¡**Qué** chico **más bueno**! ¡**Qué** amigo **más fiel**!

◆ **¡Qué buen chico!** : « quel bon garçon ! ». La construction est la même qu'en français lorsque l'exclamation porte sur l'adjectif (emploi cependant moins fréquent en espagnol).

¡**Qué buen** chico! ¡**Qué fiel** amigo!
→ **Quel bon** garçon ! **Quel fidèle** ami !

¡**Qué terrible** tormenta! ¡**Qué mal** tiempo!
→ **Quel terrible** orage ! **Quel mauvais** temps !

◆ **¡Qué chico más bueno!** : « quel bon garçon (vraiment) ! ». Quand l'adjectif est placé derrière le substantif, il doit être précédé de más ou de tan.

¡**Qué** chico **más bueno**! ¡**Qué** amigo **tan fiel**!
→ **Quel** bon garçon ! **Quel** fidèle ami !

¡**Qué** ojos **más profundos**! ¡**Qué** andar **tan airoso!**
→ **Quels** yeux **profonds !** **Quelle** démarche **gracieuse !**

➡ Pour ce type d'exclamation, noter le point d'exclamation renversé en début de phrase (signo de admiración) et l'accent écrit sur le mot exclamatif.

Traduire :

1. Quelle riche idée !
2. Quel cheval docile et fougueux à la fois !
3. Quel roman passionnant !
4. Quelle énorme fortune il a !
5. Quelle force brutale !

➡ Corrigé p. 121.

79 querer • gustar

Quiero mucho a mis padres.
Me gustan las matemáticas.

◆ querer : « aimer » au sens d'avoir de l'amour, de l'affection pour quelqu'un ». Il nécessite l'emploi de la préposition a.

> **Quiero** mucho **a** mis padres.
> → **J'aime** beaucoup mes parents.

• Sans préposition, il traduit le verbe « vouloir ».

> **Quiero** este sillón; **quiero** comprarlo.
> → **Je veux** ce fauteuil, **je veux** l'acheter.

◆ gustar : « aimer » au sens d'« avoir du goût pour quelque chose ou quelqu'un ».

Emploi particulier : le complément français devient sujet en espagnol, et le verbe ne peut ainsi qu'être à la 3e personne du singulier ou du pluriel (penser au verbe « plaire » en veillant à l'emploi du pronom correspondant).

> Me **gustan** las matemáticas.
> → **J'aime** les mathématiques.
>
> Nos **gustan** los deportes, os **gusta** la lectura.
> → **Nous aimons** les sports, **vous aimez** la lecture (vosotros).
> Les sports nous plaisent, la lecture vous plaît.

Remarque

On peut insister sur la personne, avec bien sûr l'emploi de la préposition a.

> **A mí** me gusta, **a ella** le gusta, **a ustedes** les gusta el cine.
> → **J'**aime, **elle** aime, **vous** aimez le cinéma.

Traduire :

1. Elle aime se promener au bord de la mer.
2. Elle aime beaucoup son frère, elle aime sortir avec lui.
3. Lui, il aimait bien la cuisine espagnole.
4. Nous aimons nos grands-parents, nous aimons être avec eux.
5. Mesdames et Messieurs, vous aimerez ces nouveaux modèles.

➥ Corrigé p. 121.

80 quien • quién

Quien va a Sevilla pierde su silla.
¿**Quién** quiere acompañarme?

◆ **quien (es)** : « qui » (sans accent), s'utilise seulement pour les personnes (masculin et féminin). Il peut s'employer seul, sans antécédent.

> **Quien** va a Sevilla pierde su silla.
> → **Qui** va à la chasse perd sa place. (**Qui** va à Séville perd sa chaise.)

• Il s'emploie aussi avec antécédent, dont il est séparé par une virgule...

> El artista, **quien** era gallego, pintaba paisajes andaluces.
> → L'artiste, **qui** était galicien, peignait des paysages andalous.

• ... ou derrière une préposition (a, de, con, por, para, sobre...).

> No conozco a las chicas **con quienes** hablabas.
> → Je ne connais pas les filles **avec qui** tu parlais.

➥ 96.

◆ **quién (es)** : « qui » (avec accent). Est interrogatif, directement ou indirectement, ou exclamatif (souhait à la 1re personne avec imparfait du subjonctif en ra).

> ¿**Quién** quiere acompañarme? Quiero saber **quién** me acompañará.
> → **Qui** veut m'accompagner ? Je veux savoir **qui** m'accompagnera.
>
> ¡**Quién** fuera rico!
> → Ah ! **Si** j'étais riche !

Traduire :

1. Qui t'a prêté ce livre ?
2. Ce sont des garçons pour lesquels je ressens de la sympathie.
3. Sais-tu qui a dit : Qui n'a pas vu Grenade n'a rien vu ?
4. À qui parles-tu ainsi ? Sais-tu à qui tu parles ?
5. Ah ! Si je savais dessiner !

➥ Corrigé p. 121.

81 quizá llueva • lloverá quizá

Quizá llueva mañana.
Lloverá quizá mañana.

◆ **quizá llueva** : « peut-être ». La présence de quizá (ou quizás) (qui vient de l'espagnol médiéval correspondant à « qui sait ») devant le verbe entraîne fréquemment l'usage du subjonctif.

> **Quizá llueva** mañana.
> → **Peut-être pleuvra-t-il** demain.
>
> **Quizás** lo **sepas** mejor que yo.
> → **Peut-être** le **sais**-tu mieux que moi.

◆ **lloverá quizá** : « peut-être ». Emploi de l'indicatif quand quizá est derrière le verbe.

> **Lloverá quizá** mañana.
> → **Il pleuvra peut-être** demain.
>
> **Estás** enterado **quizá** de la noticia.
> → **Peut-être es**-tu au courant de la nouvelle.

Remarque

Cette règle s'applique également aux adverbes tal vez et acaso.

> **Tal vez** tengas razón. **Acaso** venga.
> → **Peut-être** as-tu raison. **Peut-être** viendra-t-il.

Compléter :

1. Quizá nos … en la pista de tenis.
2. No han venido; acaso … algo que hacer.
3. Te … al teléfono, quizá, mañana.
4. Tiene mucho retraso; acaso … pasado por el mercado.
5. Para mí el miércoles es … el más alegre de la semana.

➥ Corrigé p. 121.

82 rápidamente • rápida

El albañil terminó **rápidamente** el trabajo.
El albañil terminó **rápida** y correctamente el trabajo.

◆ **rápidamente** : « rapidement ». Les adverbes de manière (français «-ment ») sont obtenus à partir de la forme féminine de l'adjectif (ou de sa forme unique quand le masculin et le féminin sont identiques) suivis de la terminaison -mente.

> El albañil terminó **rápidamente** el trabajo.
> → Le maçon termine **rapidement** le travail.

◆ **rápida** : « rapidement ». Quand deux ou plusieurs adverbes de ce type se suivent, seul le dernier prend la terminaison en -mente, les autres conservent la forme du féminin de l'adjectif. Ces adverbes peuvent être reliés par les conjonctions y, si, pero, aunque, hasta, sino...

> El albañil terminó **rápida y correctamente** el trabajo.
> → Le maçon termina **rapidement et correctement** le travail.
>
> Me contestó **cortés aunque secamente.**
> → Il me répondit **poliment quoique sèchement.**

Remarque

Recientemente s'apocope en recién devant un participe passé ou un adjectif.

> un recién nacido, los recién casados
> → un nouveau-né, les nouveaux mariés

Remplacer par des adverbes :

1. El anciano afirmaba sus teorías con fuerza y tranquilidad.
2. El payaso gesticulaba de un modo torpe aunque gracioso.
3. El señor cura nos saludó con cortesía y familiaridad a la vez.
4. Los que han llegado recientemente visten con elegancia pero simplemente.
5. El chófer conducía con prudencia y hasta con lentitud.

➡ Corrigé p. 121.

83 salir • sacar

Don Quijote **salió** de la tienda muy alborotado.
Sacó su cartera para pagar la cuenta.

◆ **salir** : « sortir » (d'un lieu), « partir », « s'en aller ». Toujours suivi d'une préposition (de, para, a...).

> Don Quijote **salió de** la tienda muy alborotado.
> → Don Quichotte **sortit de** l'auberge tout excité.
>
> **Salimos para** Barcelona. El tren **sale a** las tres.
> → Nous **partons pour** Barcelone. Le train **part à** trois heures.

➡ C'est un faux ami. Il n'a jamais le sens du français « salir », qui se traduit par ensuciar, même au sens figuré :

> ensuciar una reputación
> → salir une réputation

Remarque

On rencontre salirse qui évoque une notion d'effort, de difficulté, de volonté.

> Espero **salirme** de este apuro.
> → J'espère **sortir** de cet embarras.

◆ **sacar** : « sortir » (quelque chose). Construction avec un complément d'objet direct.

> **Sacó** su cartera para pagar la cuenta.
> → Il **sortit** son portefeuille pour payer la note.
>
> Mi amigo **me sacó** de este apuro.
> → Mon ami **m'a sorti** de cet embarras.

Salir ou sacar ?

1. Pude escaparme y ... por medio de la muchedumbre.
2. Este semanario ... el miércoles.
3. Pablo, si quieres, ¡... el perro!
4. El coche ... de la carretera y volcó en la cuneta.
5. Le han ... de la cárcel; ... ayer.

➡ Corrigé p. 121.

84 san • santo

San Antonio y San Cristóbal son dos santos muy populares.
Santo Tomé es una iglesia de Toledo donde pintó el Greco.

◆ San : « saint », s'emploie devant un nom propre de saint au masculin singulier.

> **San** Antonio y **San** Cristóbal son dos santos muy populares.
> → **Saint**-Antoine et **Saint**-Christophe sont deux saints très populaires.
>
> El Papa hizo su discurso en **San Pedro** de Roma.
> → Le Pape fit son discours à **Saint-Pierre** de Rome.

Remarque

Cette règle ne s'applique ni au féminin ni devant un nom commun.

> **Santa** Margarita, **Santa** Ana. Un **santo** varón.
> → **Sainte**-Marguerite, **Sainte**-Anne. Un **saint** homme.

Ni, bien sûr, au pluriel.

> Los **santos** apóstoles.
> → Les **saints** apôtres.

◆ Santo : « saint », s'emploie devant un nom de saint masculin commençant par To- ou Do-.

> **Santo** Tomé es una iglesia de Toledo donde pintó el Greco.
> → **Santo** Tomé est une église de Tolède où peignit le Greco.
>
> La isla de **Santo** Domingo.
> → L'île de **Saint**-Domingue.

Traduire :

1. La sœur Sainte-Marie des-Anges priait devant la statue de Saint-Bernard.
2. Saint-Toribio, archevêque de Lima, est un saint peu connu.
3. Saint-Dominique était un saint contemporain de Saint-François d'Assise.
4. Le Saint-Office était le tribunal de la Sainte Inquisition.
5. Les pèlerins du Moyen-Âge allaient prier au Saint-Sépulcre ou à Saint-Jacques de Compostelle.

➥ Corrigé p. 121.

85 ser bueno • estar bueno

Rafael **es bueno** y caritativo.
Jorge **está bueno** después de una larga enfermedad.

◆ **ser bueno** : « être bon » (état durable ou définitif). Exprime une qualité physique ou morale considérée comme essentielle, entrant dans une définition ou caractéristique fondamentale (caractère, origine, état civil, religieux, etc.).

Rafael **es bueno** y caritativo. → Raphaël **est bon** et charitable.

Enrique **es alto** y flaco; **es** cubano.
→ Henri **est grand** et maigre ; il **est** cubain.

◆ **estar bueno** : « être bon » (état momentané ou exceptionnel).

Jorge **está bueno** después de una larga enfermedad.
→ Georges **est en bonne santé** après une longue maladie.

El cielo **está gris** hoy; **estamos** tristes.
→ Le ciel **est gris** aujourd'hui ; nous **sommes** tristes.

Remarques

• Quelques adjectifs : feliz, infeliz, dichoso, desdichado, desgraciado... (notion de bonheur ou de malheur) sont employés avec ser (exceptions dans le langage relâché).

• Un même adjectif utilisé avec ser ou estar peut traduire des nuances différentes ou même changer de sens.

ser listo → **être** intelligent ; **estar** listo → **être** prêt

ser sordo, **ser** joven; **estar** sordo, **estar** joven
→ **être** sourd, **être** jeune ; **faire** le sourd, **paraître** jeune

➥ 86, 87.

Ser ou estar ?

1. ¡Tu chaqueta ... nueva, de verdad ... muy elegante hoy!
2. De ordinario el cielo de esta región ... claro; pero estos días ... oscuro.
3. El público ... impaciente de ver si el toro ... furioso.
4. Los andaluces ... felices; el clima de su provincia ... agradable.
5. Este perro ... malo ¿No ves que muerde? ¿... ciego?

➥ Corrigé p. 121.

86 ser construído • estar construído

Esta casa **fue construída** en 1980.
Está construída con ladrillos.

◆ **ser construído (a)** : « être construit(e) », forme passive, l'action est subie par le sujet, en train d'être accomplie (au présent, au passé, au futur).

Esta casa **fue construída** en 1980.
→ Cette maison **a été construite** en 1980.

El trigo **es segado** en julio.
→ Le blé **est moissonné** en juillet.

• Le plus souvent, la présence du complément d'agent introduit par por ou l'emploi du verbe au passé simple sont les marques du passif, avec emploi de ser.

Las avispas **son atraídas por** las frutas.
→ Les guêpes **sont attirées par** les fruits.

El presidente **fue acogido** triunfalmente.
→ Le président **fut accueilli** triomphalement.

◆ **estar construído (a)** : « être construit(e) », faux passif exprimant le résultat d'une action antérieure terminée.

Está construída con ladrillos.
→ Elle **est construite** en briques.

En agosto, la siega **está hecha.**
→ En août, la moisson **est faite** (les moissonneurs sont partis).

➥ 85, 87.

Ser ou estar ?

1. Ayer ... inaugurado el nuevo museo que ha ... construído en un año.
2. El almacén ... cerrado hasta las vacaciones y ... renovado el año que viene.
3. Los actores ... aplaudidos con fuerza; ... cubiertos de sudor.
4. En el incendio ... heridos dos bomberos, ... gravemente quemados.
5. La ventana ... rota; ha ... golpeada por el viento.

➥ Corrigé p. 121.

87 ser estudiante • estar en la Universidad

Soy estudiante, soy de Córdoba.
Estoy en la Universidad que **está** fuera de la ciudad.

◆ **ser estudiante** : « être étudiant » (« être » pour traduire la nature, l'identité, la profession, la caractéristique sociale ou familiale). Ser s'emploie avec un nom, un pronom (personnel, démonstratif, possessif), un nombre ou un infinitif).

> **Soy** estudiante, **soy** de Córdoba. → Je **suis** étudiant, je **suis** de Cordoue.
>
> Este chico **es** futbolista, **es** él el campeón del club; jugar **es** su placer.
> → Ce garçon **est** footballeur ; c'**est** lui le champion du club ; jouer **est** son plaisir.

• Enfin « être » pour traduire la matière ou la possession.

> – Este maletín **es** de cuero. ¿De quién **es**? – **Es** del maestro.
> → – Cette mallette **est** en cuir. À qui **est**-elle ? – Elle **est** à l'instituteur.

◆ **estar en la Universidad** : « être à l'Université » (« être » avec un complément ou un adverbe de lieu ou de temps).

> **Estoy** en la Universidad que **está** fuera de la ciudad.
> → Je **suis** à l'Université, qui **se trouve** hors de la ville.
>
> Cuando **estemos** en marzo, **estaré** en Colombia.
> → Quand nous **serons** en mars, je **serai** en Colombie.

• Avec un gérondif, estar indique une action en cours de réalisation.

> ¿Dónde **está** tu padre? **Está** leyendo en su despacho.
> → Où **est** ton père ? Il **est** en train de lire dans son bureau.

➥ 85, 86.

Ser ou estar ?

1. Este señor ... un aventurero, su placer ... viajar, le gusta ... lejos.
2. ¿Dónde ... (tú)? ... urgente que me ayudes, (yo) ... reparando tu magnetófono.
3. Si no ... vosotros más que ocho, no ... bastantes para formar un equipo.
4. ... ahora en enero, ... el invierno.
5. Sus padres ... de viaje, ... en Andalucía, que ... una gran región turística.

➥ Corrigé p. 121.

88 serán • serían

Serán las cuatro.
Serían las cuatro.

Le futur et le conditionnel espagnols peuvent servir à traduire la probabilité, la conjecture (français « devoir », « probablement », « sans doute »). Penser au futur antérieur français : « Il n'est pas là ; il **aura été** retardé. »

◆ **serán** : « doit être » (« probablement », « sans doute »). Le futur de l'indicatif permet d'envisager la probabilité au présent.

> **Serán** las cuatro.
> → **Il doit être** quatre heures.
>
> No **sabrán** cómo hacer.
> → Ils **ne doivent pas savoir** comment faire.

◆ **serían** : « devait être » (« probablement », « sans doute »). Le conditionnel envisage la conjecture au passé.

> **Serían** las cuatro.
> → Il **devait** être quatre heures.
>
> José **tendría** seis años cuando murió su padre.
> → Joseph **devait** avoir six ans quand son père est mort.

➡ 29.

Traduire :

1. Il doit être tard, mes parents doivent être rentrés.
2. Paul n'était pas en classe, il était sans doute malade.
3. On ne trouvait plus le chat : il devait être caché.
4. La boulangerie est probablement fermée aujourd'hui.
5. Deux personnes devraient avoir été blessées dans l'accident.

➡ Corrigé p. 121.

89 si • como

Si me da la gana, lo haré.
Lo haré **como** me dé la gana.

◆ **si** : « si ». Une condition (réalisable) s'exprime le plus souvent au présent de l'indicatif avec une conclusion au futur.

> **Si** me **da** la gana, lo **haré.**
> → **Si** j'en **ai** envie, je le **ferai.**
>
> **Si** me **ayudas**, **terminaré** más pronto.
> → **Si** tu m'**aides**, je **finirai** plus vite.

◆ **como** : « si », « si jamais ». L'usage de como à la place de si entraîne l'emploi du subjonctif.

> Lo **haré como** me **dé** la gana.
> → Je le **ferai si** j'en **ai** envie.
>
> **Como salgas** de paseo, te **acompañaré.**
> → **Si** tu **pars** en promenade, je t'**accompagnerai.**

Donner la construction équivalente :

1. Si necesitas mi ayuda ¡llámame!
2. Descolgarás el cuadro si puedes alcanzarlo.
3. Como te des prisa, podrás ver el principio de la película.
4. Como vayas a Madrid, no se te olvide visitar el Prado.
5. Si se le da buenos consejos, este niño puede cumplir proezas.

➥ Corrigé p. 122.

90 si • sí

Si lo vieras, no lo creerías.
– ¿Me acompañas? – ¡Pues, **sí**!

◆ **si** : « si » (sans accent) sert surtout à exprimer la condition (subjonctif). Il peut introduire aussi une interrogation indirecte (pas de subjonctif).

> **Si** lo **vieras**, no lo **creerías**.
> → **Si** tu le **voyais**, tu ne le **croirais** pas.
>
> No sabían **si podrían** venir.
> → Ils ne savaient pas **s'ils pourraient** venir.

◆ **sí** : « si » (avec accent) est adverbe d'affirmation. Il est aussi, après préposition, pronom réfléchi de la 3e personne singulier et pluriel (même personne que le sujet : « lui-même », « elle-même », « soi-même », « eux-mêmes », « elles-mêmes »).

> – ¿Me acompañas? – ¡Pues, **sí**!
> → – Tu m'accompagnes ? – Eh bien, **oui !**
>
> El egoísta sólo piensa en **sí.**
> → L'égoïste ne pense qu'à **lui.**

Remarque

Avec la préposition con : consigo, même au féminin :

> Amalia llevaba **consigo** un revólver de alarma.
> → Amélie portait **sur elle** un pistolet d'alarme.

Si ou sí ?

1. Eso … que es la verdad.
2. Hay que tener su documentación sobre … .
3. Me preguntó … me debía dinero.
4. … es verdad, es difícil de creer.
5. No hay que pensar en … .

➥ Corrigé p. 122.

91 si hiciera • si hacía

Si hiciera buen tiempo, iríamos a pasear.
Si hacía buen tiempo, íbamos a pasear.

◆ si hiciera : « s'il faisait ». L'imparfait du subjonctif après si introduit la notion de condition (conditionnel dans la principale).

Si hiciera buen tiempo, iríamos a pasear.
→ **S'il faisait** beau temps, nous irions nous promener.

Jugaría al baloncesto **si yo fuera** más alto.
→ Je jouerais au basket **si j'étais** plus grand.

◆ si hacía : « s'il faisait » au sens de « quand », « lorsque », « chaque fois que »... L'emploi de l'indicatif après si introduit l'idée d'une action répétée et réelle (imparfait de l'indicatif dans la principale).

Si hacía buen tiempo, íbamos a pasear.
→ **S'il faisait** beau temps, nous allions nous promener.

Si aparecía la madre, el niño se volvía caprichoso.
→ **Si (quand)** la mère **apparaissait**, l'enfant devenait capricieux.

Compléter :

1. Podrías comprender si lo (querer).
2. Si el tiempo lo (permitir), los pescadores salían muy temprano.
3. Iríamos a la sierra si el coche (estar) reparado.
4. Se ponía a estornudar si (abrirse) la ventana.
5. Brincaríamos de alegría si (ser) las vacaciones.

➥ Corrigé p. 122.

92 si lo supiera • de saberlo

Si lo supiera, te lo diría.
De saberlo, te lo diría.

◆ **si lo supiera** : « si je le savais ». On connaît la façon de traduire la phrase conditionnelle, avec si suivi de (attention !) l'imparfait du subjonctif (on conserve le conditionnel dans la principale).

> **Si lo supiera**, te lo diría.
> → **Si je le savais**, je te le dirais.
>
> Podrías acertar **si te aplicaras.**
> → Tu pourrais réussir **si tu t'appliquais.**

◆ **de saberlo** : « si je le savais » (langage parlé). On peut également exprimer cette condition avec la tournure « de + infinitif », qui permet d'exprimer le passé, le futur…

> **De saberlo**, te lo diría.
> → **Si je le savais**, je te le dirais.
>
> **De** no **venir** nadie, me aburriría.
> → **Si** personne ne **venait**, je m'ennuierais.
>
> **De decírmelo** antes, yo te hubiera ayudado.
> → **Si tu me l'avais dit** plus tôt, je t'aurais aidé.

Remarque

On peut aussi, moins fréquemment, trouver a + infinitif.

> **A no haberme** protegido, me hubieran herido.
> → **Si je ne m'étais pas** protégé, ils m'auraient blessé.

Traduire :

1. Si je te disais tout, tu te fâcherais.
2. Tu ne répondrais pas de cette façon si ton père était là.
3. Si tu ne me l'affirmais pas, je ne le croirais pas.
4. Qu'arriverait-il si nous laissions les enfants seuls ?
5. Si nous avions marché plus vite, nous serions arrivés avant la nuit.

➥ Corrigé p. 122.

93 siquiera • ni siquiera

¡Dime siquiera una palabra amable!
Ni siquiera me miró cuando le hablé.

◆ **siquiera** : « au moins », « seulement », « ne serait-ce que… ». Ne peut s'employer que dans une phrase affirmative.

¡Dime **siquiera** una palabra amable!
→ Dis-moi **au moins** une parole aimable !

¡Ojalá pudiera descansar, **siquiera** un momento!
→ Ah ! Si seulement je pouvais me reposer, **ne serait-ce** qu'un instant !

◆ **ni (siquiera)** : « pas même ». L'expression se place tout entière devant le verbe. Elle peut être réduite à ni avec le même sens.

Ni siquiera me miró cuando le hablé.
→ Il ne m'a **même pas** regardé quand je lui ai parlé.

Ni pestañearon al oír el cañonazo.
→ Ils ne sourcillèrent **même pas** en entendant le coup de canon.

• Ou encore, moins souvent, no … siquiera entourant le verbe.

El padre **no** sabía **siquiera** cuántos años tenían sus hijos.
→ Le père ne savait **même pas** quel âge avaient ses enfants.

Remarque

On entend souvent, dans le langage parlé : ¡ni hablar! ¡ni pensar! : « pas question ! » « pas le moins du monde ! ».

Traduire :

1. Elle ne parle à personne, pas même à sa sœur.
2. Madame, donnez-moi au moins une petite aumône !
3. Sais-tu seulement le nom de ton professeur ?
4. Je n'ai jamais vu une telle scène, pas même au cinéma.
5. Il ne sait même pas cuire un œuf à la coque.

➥ Corrigé p. 122.

94 sobre • encima • arriba

La foto de los abuelos estaba **sobre** el piano.
Encima del tejado estaba el nido de cigüeñas.
Si subes un poco más **arriba**, verás todo el valle.

◆ **sobre** : « sur », « au-dessus » (idée d'un objet posé simplement sur un autre, ou juste au-dessus).

> La foto de los abuelos estaba **sobre** el piano.
> → La photo des grands-parents était **sur** le piano.
>
> La señora tenía la cabeza inclinada **sobre** su revista.
> → La dame avait la tête inclinée **sur** sa revue.

◆ **encima** (ou encima de) : « en haut », « tout en haut » (peut aussi être employé seul) (sens propre).

> **Encima del** tejado estaba el nido de cigüeñas.
> → **Tout en haut du** toit était le nid de cigognes.
>
> Vieron la barricada; una bandera estaba plantada **encima.**
> → Ils virent la barricade ; un drapeau était planté **dessus.**

Remarque

Por encima de traduit un fort dépassement de hauteur.

> **Por encima de** la colina se cernía un buitre.
> → **Au-dessus de** la colline planait un vautour.

◆ **arriba** : « vers le haut » (mouvement ascendant) (sens propre et figuré).

> Si subes un poco más **arriba**, verás todo el valle.
> → Si tu montes un peu plus **haut**, tu verras toute la vallée.
>
> ir río **arriba**, calle **arriba...**
> → **remonter** le fleuve, **remonter** la rue...

Compléter :

1. Miraron hacia ..., distinguieron el globo por ... la colina.
2. La chica llevaba un plato de metal ... la cabeza.
3. Corrieron calle ... para tratar de detener al ladrón.
4. Los pescadores llevaban ... grandes capuchos de hule.
5. Descubrieron el documento ... armario.

➥ Corrigé p. 122.

95 solo • sólo

El anciano se siente muy solo en la vida.
Sólo se admiten las personas mayores.

◆ **solo** : « seul » (adjectif sans accent). Prend l'accord.

El anciano se siente muy **solo** en la vida.
→ Le vieillard se sent très **seul** dans la vie.

Solo contra todos, **sola** contra todas.
→ **Seul** contre tous, **seule** contre toutes.

◆ **sólo** : « seulement », « rien que », « ne ... que » (adverbe avec accent).

Sólo se admiten las personas mayores.
→ On n'admet **que** les adultes.

Este espectáculo **sólo** es para los niños.
→ Ce spectacle est **seulement** pour les enfants.

➥ sólo peut être parfois considéré comme un adjectif et s'accorder avec le nom. Cependant, à cause de l'ambiguïté de sens, il vaut mieux préférer le premier emploi.

Este espectáculo es para los niños **solos**.
→ Ce spectacle est **seulement** pour les enfants.

Solo ou sólo ?

1. ... me gusta la lectura cuando me siento ... .
2. ... le interesan los deportes.
3. No nos mandaron una ... carta.
4. Me gustaría estar tranquila ... un minuto.
5. No había un ... árbol en el patio.

➥ Corrigé p. 122.

96 soy yo • soy yo quien

No **soy yo** el responsable, eres tú.
Soy yo quien doy las órdenes.

◆ **soy yo** : « c'est moi ». Le verbe ser s'accorde avec le sujet (placé derrière lui).

> No **soy yo** el responsable, **eres tú.**
> → **Ce** n'**est** pas **moi** le responsable, **c'est toi.**
>
> **Somos nosotras** las primeras.
> → **C'est nous** les premières.

◆ **soy yo quien** : « c'est moi qui ». Le relatif « qui », « que » (sujet ou complément) ainsi utilisé doit être consolidé en quien le plus souvent, el que ou el cual (quienes, los que, los cuales...).

> **Soy yo quien** doy las órdenes.
> → **C'est moi qui** donne les ordres.

• Le verbe ser doit, en principe, se mettre au même temps que celui de la proposition introduite.

> **Fui yo quien avisé** a la familia.
> → **C'est moi qui ai prévenu** la famille.

• Ceci n'est pas absolu, on peut dire :

> **Soy yo quien** te acompañaré; **eres tú el que** me podrías ayudar.
> → **C'est moi qui** t'accompagnerai ; **c'est toi qui** pourrais m'aider.

Compléter :

1. ... Hernán Cortés ... conquistó México.
2. ¿... tú ... roto el cristal del comedor?
3. ¿... usted, señora, ... me llamó ayer?
4. ... yo ... le esperaré a la llegada del tren.
5. ... vosotras ... habéis obtenido el mejor resultado.

➥ Corrigé p. 122.

97 *tal • un tal*

No puedo aguantar **tal** actitud.
Conocí a **un tal** señor Pérez.

◆ **tal** : « un tel », « une telle ». N'utilise pas l'article indéfini.

> No puedo aguantar **tal** actitud.
> → Je ne peux pas supporter **une telle** attitude.

• Ce cas s'applique aussi aux indéfinis : otro, a, une(e) autre ; medio, a, un(e) demi : semejante, un(e) semblable ; cualquiera, un(e) quelconque ; igual, un(e) égal(e) ; cierto, a, un(e) certain(e)…

> **Cierto día**, le esperé más de **media hora.**
> → **Un certain jour** je l'ai attendu plus d'**une demi-heure.**

◆ **un tal** : « un tel », « une telle ». Prend l'article lorsqu'il a la valeur d'un nom ou quand il est derrière celui-ci.

> Conocí a **un tal** Pérez.
> → J'ai connu **un certain monsieur** Pérez.
>
> Una cosa **cierta**; un caso **semejante.**
> → Une chose **certaine** ; un cas **semblable.**

Remarque

L'article indéfini n'est pas employé non plus devant un complément de manière introduit par con.

> El orador hablabla **con voz fuerte.**
> → L'orateur parlait **d'une voix forte.**

Traduire :

1. Ils burent un autre verre d'eau avec une égale ardeur.
2. D'un pas sûr, il avança vers son ennemi.
3. Il mit un certain temps à comprendre la question.
4. Si tu lui demandes un quelconque service, il te le rendra avec une grande amabilité.
5. Je n'ai jamais assisté à une telle prouesse.

➥ Corrigé p. 122.

98 *tanto … más • cuanto … más*

Es **tanto más** trabajador **cuantas más** facilidades tiene.
Cuanto más estudia, **(tanto) menos** sabe.

◆ **tanto más** (menos) … **cuanto más** (menos) : « d'autant plus (moins) … que ». Les deux mots s'accordent ou non (ou s'apocopent en tan et cuan) selon leur fonction.

> Es **tanto más** trabajador **cuantas más** facilidades tiene.
> → Il est d'**autant plus** travailleur **qu'**il a de facilités.
>
> Compra **tantos más** libros **cuanto menos** dinero tiene.
> → Il achète d'**autant plus** de livres **qu'**il a **moins** d'argent.

◆ **cuanto más** (menos) … **tanto más** (menos) : « plus … plus », « moins… moins ». Ici encore, modification ou non selon la fonction.

> **Cuanto más** estudia, **(tanto) menos** sabe.
> → **Plus** il étudie, **moins** il sait.
>
> **Cuantos más** candidatos haya, **(tanto) más** difícil será.
> → **Plus** il y aura de candidats, **plus** ce sera difficile.

Remarque

Même combinaison des deux termes dans la traduction de « autant … autant ».

> **Cuantos** países, **tantas** tradiciones.
> → **Autant** de pays, **autant** de traditions.
>
> **Cuan** flaco era don Quijote, **tan** gordo su escudero.
> → **Autant** Don Quichotte était maigre, **autant** son écuyer était gros.

Compléter :

1. … seca esté la leña, … fácilmente arderá.
2. … hables, … menos tonterías dirás.
3. … comas, … te sentirás.
4. … objeciones le oponemos, … razones encuentra él para continuar.
5. Es un sabio: … dinero tiene, … feliz se siente. ➥ Corrigé p. 122.

99 tanto … como • tantos … como • tan … como

No leo **tanto como** tú.
No leo **tantos** libros **como** tú.
No leo **tan** rápidamente **como** tú.

Expressions de la comparaison.

◆ **tanto como** : « autant que ». S'appliquant à un verbe, tanto est invariable.

No leo **tanto como** tú.
→ Je ne lis pas **autant que** toi.

Nunca jugarás **tanto** al tenis **como** él.
→ Tu ne joueras jamais au tennis autant que lui.

◆ **tantos** (as, o, a) … **como** : « autant de … que ». Devant un nom tanto prend l'accord avec celui-ci.

No leo **tantos libros como** tú.
→ Je ne lis pas **autant de livres que** toi.

No hay **tanta gente como** ayer.
→ Il n'y a pas **autant de gens qu'**hier.

◆ **tan … como** : « aussi … que ». Devant un adverbe ou un adjectif, tanto s'apocope en tan.

No leo **tan rápidamente como** tú.
→ Je ne lis pas **aussi rapidement que** toi.

No me siento **tan apasionado como** tú.
→ Je ne me sens pas **aussi passionné que** toi.

Traduire :

1. Il courait autant qu'il pouvait.
2. Pierre est aussi grand que son frère aîné.
3. Il y avait autant de garçons que de filles.
4. Elle marchait aussi gracieusement qu'une reine.
5. Il y avait autant à boire qu'à manger.

➥ Corrigé p. 122.

100 tanto que • tantos ... que • tan ... que

Insistió **tanto que** me convenció.
Había **tanta** gente **que** no se podía avanzar.
El profesor hablaba **tan** bajo **que** nadie le oía.

◆ **tanto (que)** : « tant (que) », « tellement (que) » (tanto est invariable avec un verbe).

Insistió **tanto que** me convenció.
→ Il insista **tant (tellement) qu'**il me convainquit.

Ana había andado **tanto que** cojeaba.
→ Anne avait **tellement** marché **qu'**elle boîtait.

◆ **tantos** (as, a, o) **que** : « tant », « tellement ... que » (tanto prend l'accord devant un nom).

Había **tanta gente que** no se podía avanzar.
→ Il y avait **tant de gens que** l'on ne pouvait pas avancer.

Decía **tantas tonterías** que nadie le escuchaba.
→ Il disait **tellement de sottises** que personne ne l'écoutait.

◆ **tan ... que** : « si ... que » (tanto devient tan devant un adjectif ou un adverbe).

El profesor hablaba **tan** bajo **que** nadie le oía.
→ Le professeur parlait **si** bas **que** personne ne l'entendait.

Viven **tan** pobremente **que** dan lástima.
→ Ils vivent **si** pauvrement **qu'**ils font pitié.

Traduire :

1. Il faisait si chaud que le docteur avait enlevé sa veste.
2. Il mange si salement qu'il m'écœure.
3. Il était si déçu qu'il lui venait l'envie de pleurer.
4. Il avait fait tant d'erreurs que sa note était négative.
5. Il lit tant qu'il en a mal aux yeux.

➥ Corrigé p. 122.

101 tener que • haber de

Tienes que decirme la verdad.
Hemos de escribir hoy a nuestros abuelos.

◆ **tener que** : « devoir ». L'expression (conjuguée à la forme voulue) doit être suivie de l'infinitif. Elle traduit une obligation personnelle forte, un devoir moral ou physique.

> **Tienes que** decirme la verdad.
> → **Tu dois** me dire la vérité.
>
> **Tenemos que** respetar a los ancianos.
> → **Nous devons** respecter les vieillards.

◆ **haber de** : « devoir ». Haber doit être conjugué à la forme voulue (rare cas où ce verbe n'est pas auxiliaire) et l'expression est suivie de l'infinitif. Elle traduit une intention, un projet, un conseil plus qu'une obligation.

> **Hemos de** escribir hoy a nuestros abuelos.
> → **Nous devons** écrire aujourd'hui à nos grands-parents.
>
> Los invitados **han de** sentarse a la mesa.
> → Les invités **doivent** passer à table (conseil).

Remarque

Pour une obligation forte (obéissance stricte à un usage, à une consigne : « il faut »), on peut avoir recours à certaines formules de l'obligation impersonnelle suivies du subjonctif (concordance des temps) : es preciso, es menester, es necesario, hace falta + subjonctif.

> **Es preciso que** se tomen medidas de urgencia.
> → **Il faut que** l'on prenne des mesures d'urgence.

➡ 29, 51.

Traduire :

1. Nous devons travailler si nous voulons manger.
2. Si tu veux jouer, tu dois respecter les règles.
3. Il faut que nous soyons à la gare à six heures précises.
4. Il faudrait que je me fasse vacciner.
5. Si tu pars avec ton oncle, il faudra lui obéir.

➡ Corrigé p. 122.

102 todo • lo ... todo

Cuéntame **todo** lo que pasó.
Pablo me **lo** explicó **todo.**

Selon sa place dans la phrase, todo peut connaître de légères modifications d'emploi.

◆ **todo** : « tout ». Quand le mot est sujet de la phrase ou quand il n'est pas seul, son emploi est le même qu'en français.

Cuéntame **todo** lo que pasó.
→ Raconte-moi **tout** ce qui s'est passé.

Todo me encantó, aprecié **todo** el espectáculo.
→ **Tout** m'a enchanté, j'ai apprécié **tout** le spectacle.

◆ **lo ... todo** : « tout ». Quand todo est complément et utilisé tout seul, il doit être renforcé par le pronom explétif lo.

Pablo me **lo** explicó **todo.**
→ Paul m'a **tout** expliqué.

Juan pretende que **lo** sabe **todo.**
→ Jean prétend qu'il sait **tout.**

Remarque

Le pronom lo obéit à la règle de l'enclise (soudé derrière un impératif, un infinitif, un gérondif).

Díme**lo todo**; voy a decírte**lo todo**; diciéndome**lo todo.**
→ Dis-moi **tout** ; je vais **tout** te dire ; en me disant **tout.**

Traduire :

1. Tout me plaît, j'admire tout.
2. Je connaissais déjà tout le problème.
3. Je veux tout t'avouer, tout est mensonge.
4. En changeant tout, tu bouleverses tous les plans.
5. Il a tout mangé et tout bu, tout le gâteau, tout le champagne.

➥ Corrigé p. 122.

103 traer • llevar

Tráeme mis gafas, por favor.
¡**Llévame** a la estación!

◆ **traer** : « apporter (qqc) », « amener (qqn) » au sens d'un rapprochement opéré vers un lieu où se trouve qqc ou qqn (sens propre et figuré).

¡**Tráeme** mis gafas, por favor!
→ **Apporte-moi** mes lunettes, s'il te plaît !

Esta decisión nos **traerá** bastantes inconvenientes.
→ Cette décision nous **apportera** pas mal d'inconvénients.

◆ **llevar** : « emporter » (qqc) », « emmener (qqn) » au sens d'un éloignement. Ce verbe s'utilise aussi pour tout ce qui concerne l'habillement : « porter ».

Lo que el viento se **llevó.** → Autant en **emporte** le vent.

llevar un sombrero, una chaqueta, unas gafas...
→ **porter** un chapeau, une veste, des lunettes...

Remarque

Quelques emplois particuliers de llevar.

- « dépasser », « avantager » :

Te **llevo** tres años. → J'**ai** trois ans de plus que toi.

- « il y a » (temps passé) :

Llevan cuatro meses de casados. → **Il y a** quatre mois qu'ils sont mariés.

- « bien, mal s'entendre » (forme pronominale) :

Estos niños **se llevan** muy bien. → Ces enfants **s'entendent** très bien.

Llevar ou traer ?

1. El pobre ... a cuestas un enorme bulto.
2. El año pasado, las lluvias ... consigo una serie de catástrofes.
3. Si tienes un momento, yo quisiera que me ... el programa.
4. Las dos hermanas, aunque mellizas, ... muy mal.
5. Nosotros ... diez años trabajando en esta empresa.

➥ Corrigé p. 123.

104 tratar de • intentar • procurar

¡**Trata de** venir mañana!
Intentaré llegar a la hora.
¡**Procura** obtener buenos resultados!

◆ **tratar de** (+ infinitif) : « essayer de ».

¡**Trata de** venir mañana! → **Essaie de** venir demain !

Signifie également « traiter de » (tutoiement, vouvoiement).

Me **trató** de usted. → Il m'a vouvoyé.

◆ **intentar** (+ infinitif) : « essayer de » (sans préposition).

Intentaré llegar a la hora.
→ **J'essaierai d'**arriver à l'heure.

◆ **procurar** (+ infinitif) : « essayer de » (sans préposition).

¡**Procura** obtener buenos resultados!
→ **Essaie** d'obtenir de bons résultats.

➡ Il faut éviter d'employer ce verbe dans le sens de « procurer », qui se dit plutôt proporcionar.

Me **proporcionó** el dinero que le pedía.
→ Il m'a **procuré** l'argent que je lui demandais.

Remarque

Le verbe « essayer » dans l'acception de « expérimenter les qualités d'une chose » se dit probar.

probar un traje, zapatos...
→ **essayer** un costume, des chaussures...

Traduire :

1. Essaie de rester tranquille.
2. Il essaie de trouver de bonnes raisons à sa paresse.
3. Nous essaierons de ne pas avoir de retard.
4. Il essaiera toujours d'éviter les responsabilités.
5. Je vais essayer un nouveau pantalon.

➡ Corrigé p. 123.

105 unos • unas

Han plantado **unos** árboles nuevos en el parque.
Era un pueblo de **unas** cuarenta casas.

◆ **unos, unas** : « des », « quelques » mais avec moins de précision que algunos, algunas.

> Han plantado **unos** árboles nuevos en el parque.
> → On a planté **des** arbres nouveaux dans le parc.

• Le plus souvent, les deux mots servent à désigner des objets qui vont par paire.

> La muchacha llevaba **unos** zapatos de charol.
> → La jeune fille portait **des** chaussures de cuir verni.

◆ **unos, unas** : « environ » au sens d'estimation approximative.

> Era un pueblo de **unas** cuarenta **casas.**
> → C'était un village **d'une** quarantaine de **maisons.**
>
> Eso te costará **unas** cien mil **pesetas.**
> → Cela te coûtera **quelque** cent mille **pesetas.**

Remarque

Cette approximation peut aussi se traduire par como.

> Un señor de **unos** cincuenta años: de **como** cincuenta.
> → Un monsieur d'**environ** cinquante ans.

Traduire :

1. Des enfants jouaient dans la cour de l'école.
2. On emporta le blessé sur un brancard.
3. C'était un hameau de quelque trente habitants.
4. Tu as des amis qui me paraissent bien antipathiques.
5. On lui offrit des boutons de manchette en or.

➥ Corrigé p. 123.

106 usted • vosotros

¿Cómo está **usted**, señora?
¿Cómo estáis **vosotros**, niños?

◆ **usted** (es) : (abréviation Ud ou Vd) correspond au « vous » de politesse français adressé à une seule personne (pluriel Ustedes, Uds ou Vds). C'est la contraction de l'ancienne formule Vuestra Merced (« Votre Grâce ») entraînant l'emploi de la 3ᵉ personne du singulier ou du pluriel (ex. : « Monsieur désire ? »). Les adjectifs et pronoms correspondants doivent aussi être à la 3ᵉ personne.

> ¿Cómo está **usted**, señora?
> → Comment allez-**vous**, madame ?
>
> Si **usted** está cansada, señora, **Vd** puede instalarse a su gusto.
> → Si **vous** êtes fatiguée, madame, **vous** pouvez vous installer à votre aise.

• Vd et Vds ne peuvent pas s'intercaler entre l'auxiliaire et le participe passé.

> ¿Ha leído **Vd** (¿**Vd** ha leído) las últimas noticias?
> → Avez-**vous** lu les dernières nouvelles ?

◆ **vosotros (as)** : c'est le pluriel de tú, donc réservé à un groupe de personnes que l'on tutoie séparément. Emploi consécutif des adjectifs et des pronoms.

> ¿Cómo estáis **vosotros**, niños?
> → Comment allez-**vous**, les enfants ?
>
> Si **estáis** cansados, niños, **podéis** instalaros a **vuestro** gusto.
> → Si **vous** êtes fatigués, les enfants, **vous** pouvez vous installer à **votre** aise.

Traduire :

• Vd • Vds • ou Vosotros (as) ?

1. Voulez-vous, madame, que je vous offre un peu d'eau fraîche ?
2. Les amis, je vous demande de m'accompagner à la poste.
3. Entrez, mesdames et messieurs, vous êtes ici chez vous.
4. Les enfants, vous faites trop de bruit, je vous l'ai déjà dit.
5. Monsieur, savez-vous où est la banque ? Je vous remercie.

➥ Corrigé p. 123.

107 volver a • otra vez • de nuevo

El público **volvió a** sentarse.
¿Puedo servirme **otra vez** un poco de queso?
El candidato se presentó **de nuevo** ante los examinadores.

◆ **volver a** (+ infinitif) : « re ». Se conjugue devant le verbe qui reste à l'infinitif.

El público **volvió a** sentarse.
→ Le public se **r**assit.

Te **volveré a** llamar para darte mis resultados.
→ Je te **ra**ppellerai pour te donner mes résultats.

◆ **otra vez** : « re », se place derrière le verbe conjugué.

¿Puedo servirme **otra vez** un poco de queso?
→ Puis-je **re**prendre un peu de fromage ?

Dime **otra vez** lo que te él te contestó.
→ **Re**dis-moi ce qu'il t'a répondu.

◆ **de nuevo** : « re », « de nouveau », se place également derrière le verbe conjugué.

El candidato se presentó **de nuevo** ante los examinadores.
→ Le candidat se **re**présenta devant les examinateurs.

Tócame **de nuevo** esta sonata.
→ **Re**joue-moi cette sonate.

Remarque

L'idée de répétition exprimée en français par re + verbe n'existe en espagnol que dans un nombre réduit de cas : rehacer, reanudar, reexaminar, restablecer, revivir, etc. (« refaire », « renouer », « rétablir », « revivre »...).

Traduire :

1. Il n'arriva pas à faire redémarrer sa voiture.
2. L'ancien ministre ne se représenta pas aux élections.
3. Il s'était levé, mais il s'est recouché.
4. Il faudrait repeindre le salon.
5. Relis-moi la lettre que tu as reçue.

➥ Corrigé p. 123.

108 vosotros • os

Vosotros sois los bienvenidos.
Os recibimos con mucho placer.

◆ **vosotros** (as) : « vous » (plusieurs personnes tutoyées individuellement). Cette forme est employée quand elle est sujet de la phrase ou derrière une préposition.

> **Vosotros** sois los bienvenidos.
> → **Vous** êtes les bienvenus.
>
> Estos libros, que están **cerca de vosotros**, son **para vosotros.**
> → Ces livres, qui sont **près de vous**, sont **pour vous.**

◆ **os** : « vous » (plusieurs personnes tutoyées individuellement). Forme unique pour le masculin et le féminin, utilisée comme pronom (direct, indirect ou réfléchi).

> **Os** recibimos con mucho placer.
> → Nous **vous** recevons avec beaucoup de plaisir.
>
> Si **os** dais prisa, **os** contaré la cosa.
> → Si vous **vous** pressez, je **vous** raconterai l'histoire.

Remarque

Sous cette forme de complément, os se soude derrière le verbe à l'impératif affirmatif, au gérondif, à l'infinitif.

> ¡Levanta**os**! → Levez-**vous** ! (souvent remplacé par levantar**os**).
>
> Levantándo**os.** → En **vous** levant.
>
> ¡Vais a levantar**os**! → Vous allez **vous** lever !

Traduire :

1. Vous vous êtes bien amusées hier soir.
2. Je vous connais, les amis, vous vous moquez de moi.
3. Approchez-vous, je voudrais vous parler.
4. Ils nous ont parlé de vous, mesdemoiselles.
5. Sans vous, les amis, rien n'est possible.

➥ Corrigé p. 123.

109 y → e • o → u

Pedro **y** Pablo; Fernando **e** Isabel
Seis **o** siete; siete **u** ocho

◆ **y → e** : la conjonction de coordination y devient e devant un mot commençant par le son vocalique i (écrit i, hi ou y).

> Pedro **y** Pablo; Fernando **e I**sabel.
> → Pierre **et** Paul ; Ferdinand **et** Isabelle.
>
> Día **y** noche; verano **e i**nvierno.
> → Jour **et** nuit ; été **et** hiver.

Remarque

Quand i, hi ou y sont suivis d'une voyelle, la règle ne s'applique pas car il n'y a plus hiatus.

> Calor **y hi**elo; caballo **y ye**gua; lobo **y hi**ena.
> → Chaleur **et** gel ; cheval **et** jument ; loup **et** hyène.

◆ **o → u** : de la même manière, on emploie u au lieu de o devant un nom commençant par o ou par ho.

> Seis **o** siete; siete **u** ocho
> → Six **ou** sept ; sept **ou** huit.

Remarque

En vertu de cette règle, certains auteurs emploient un u entre un mot ayant un o final et un autre commençant par une voyelle.

> Hablando **u** escuchando.
> → En parlant **ou** en écoutant.

Traduire :

1. L'un et l'autre • l'un ou l'autre • les uns et les autres.
2. Pierre et Octave • Pierre ou Octave • Jean et Irène.
3. Fils et père • père et fils • père ou fils.
4. En lisant et en écrivant • en rêvant ou en organisant.
5. Poule et œuf • fleur et herbe • mur et lierre.

➥ Corrigé p. 123.

110 ya • ya que

Ya te lo he dicho mil veces.
Ya que no me escuchas, me voy.

◆ **ya** : « déjà ».

Ya te lo he dicho mil veces. → Je te l'ai **déjà** dit mille fois.

• « maintenant » :

Era rico, pero **ya** es pobre.
→ Il était riche, mais **maintenant** il est pauvre.

• « plus tard » :

Ya se te dará lo que pides.
→ On te donnera **plus tard** ce que tu demandes.

• « tout de suite » :

Ya voy. → J'y vais (**tout de suite**).

• Pour insister :

Ya se nota que has bebido. → On voit **bien** que tu as bu.

Remarque

Ya ... ya traduit le français « soit ... soit » ou « tantôt ... tantôt », « ou bien ... ou bien ».

Lo hizo **ya** por odio, **ya** por amor.
→ Il l'a fait **soit** par haine, **soit** par amour.

◆ **ya que** : « puisque », « étant donné que », « du moment que » (puesto que).

Ya que no me escuchas, me voy.
→ **Puisque** tu ne m'écoutes pas, je m'en vais.

Ya que me lo dices, te creo. → **Puisque** tu me le dis, je te crois.

Traduire :

1. J'ai déjà vu ce garçon quelque part, ou bien au lycée, ou bien au stade.
2. Voilà qu'arrivent tes parents !
3. On voyait bien qu'il était malade !
4. Puisque vous voulez être au premier rang, asseyez-vous là !
5. Tu vois bien que nous nous sommes trompés !

➥ Corrigé p. 123.

Corrigés

1. a • en

1. De hora en hora, de año en año.
2. Trabaja en una fábrica.
3. ¡Vas a callarte!
4. Bajemos al patio.
5. Se quedó un rato en la iglesia.

2. acabar de • con • por

1. acaba de – **2.** acabó por – **3.** acabar con – **4.** acaba de – **5.** acabó por.

3. acordarse • recordar

1. recuerdan – **2.** se acordaba – **3.** se acordaron – **4.** recordar – **5.** ¡Acuérdate (recuerda)!

4. -ada • -azo

1. Un codazo, un portazo.
2. Una lanzada, una puñalada.
3. Una ojeada, una pincelada.
4. Un martillazo, un manotazo (una manotada).
5. Una pisotada, una risotada.

5. al abrir • abriendo

1. pidiendo – **2.** Estando – **3.** Al aparecer – **4.** escondiéndose – **5.** Al estallar.

6. algo • nada

1. algo – **2.** nada – **3.** nada – **4.** – ¿Has oído algo? – No, nada. – **5.** nada.

7. alguien • nadie

1. alguien, ... nadie – **2.** alguien – **3.** alguien (alguno) – **4.** nadie – **5.** Alguien.

8. alguno • ninguno

1. alguna – **2.** algún ... alguno – **3.** Ningún ... ninguno – **4.** algún – **5.** alguna ... ninguna.

9. ambos • sendos

1. sendas – **2.** ambos – **3.** ambos – **4.** sendos – **5.** ambas.

10. antes • antes de • antes (de) que

1. Déjame tu dirección antes de marcharte.
2. Me gustaría que apagaras la luz antes de que te fueras.
3. Antes de ser fontanero, trabajaba en una oficina.
4. Antes hoy que mañana.
5. Cenaréis antes que yo.

11. apenas ... cuando • apenas

1. Apenas tiene tiempo para almorzar ya es la hora de salir.
2. Los espectadores no se habían sentado aún cuando empezaba el espectáculo.
3. Aún no estaba fuera la mamá el nene echaba a llorar.
4. Apenas se haya puesto la chaqueta cuando querrá irse.
5. Apenas habíamos entrado cuando nos hicieron salir.

12. aquí está • aquí viene

1. ¡Ahí tiene usted! ou ¡He ahí su billete de tren!
2. ¡Henos aquí! (ou aquí estamos)
3. ¡Ahí está la solución del problema!
4. ¡Ahí tiene usted la vuelta de su billete!
5. ¡Allí vienen los payasos!

13. aun • aún

1. aún – **2.** aun – **3.** Aún – **4.** aún – **5.** aun.

14. aunque llueve • aunque llueva

1. Aunque nos vayamos ...
2. Aunque nos fuésemos ...
3. ... aunque estaba ...
4. ... aunque él quiera ...
5. ... aunque sufría.

15. buen chico • chico bueno

1. bueno ... malo – **2.** tercer ... primer – **3.** mala ... malos... mal – **4.** ningún ... ninguna ... buen ... mal – **5.** Primero ... uno.

16. cada día • cada dos días

1. Cada colegial recibió una ración de chocolate.
2. Mudan de casa cada cinco años.
3. El enfermo se sentía cada día más débil.
4. Cada una de las candidatas recibió un premio.
5. Este actor actúa cada vez mejor.

17. café con leche • escribir con pluma

1. La cocina con gas.
2. Me gustan las pastas con tomate.
3. Un señor con el pelo blanco quiso tomar la palabra.
4. Con la camisa desabotonada, no parecía tener frío.
5. Andábamos con paso igual.

18. ciento • cien

1. Cuatro veces cien mil son cuatrocientos mil.
2. Se dice que entre estos ejecutivos son más de ciento (cien) los que ganan un mínimo de quinientas mil pesetas al mes.
3. Actualmente compras (tienes) pocas cosas con cien o ciento cincuenta francos.
4. Con cien dólares tienes unos quinientos francos.
5. Gracias al número ciento doce mil ciento cincuenta y tres le tocó el gordo de cien millones de pesetas.

19. como • cómo

1. Hago como tú. – **2.** Como tengas un momento, ¡ven a verme! – **3.** Harás como te parezca mejor. – **4.** ¡Cómo has crecido! – **5.** No sé cómo agradecerte.

20. con ser • por ser

1. Con ser inteligente este chico, no lo encuentro nada simpático.
2. Con concentrarte un poco, progresarás.
3. No salgo, por hacer demasiado frío.
4. Por llegar tarde, no encontraron ningún hotel.
5. Con tener tanta fortuna, gasta poco dinero.

21. cuál • el(la) cual

1. ¿Cuál es tu profesor de inglés? ¿de español? ¿Cuál te gusta más?
2. Vieron cuevas en las cuales vivían gitanos.
3. Me pregunto cuál es el precio de estos zapatos.
4. Unas mujeres pasaron tras las cuales brincaban unos niños.
5. Había tantos libros que no sabía cuáles elegir.

22. cualquiera • cualquier

1. cualquier ... cualquier – **2.** cualquier – **3.** cualquiera – **4.** Cualquier – **5.** Cualesquiera.

23. cuando vengas • cuándo vendrás

1. cuando aparezca – **2.** cuándo ella vendrá. Cuando yo lo sepa – **3.** Cuándo ... cuando yo pase – **4.** cuando hayas terminado – **5.** cuando él está.

24. cuanto • cuánto

1. cuantas – **2.** cuánta ... Cuánto – **3.** Cuán ... Cuán – **4.** Cuantas – **5.** Cuánta ... Cuánto.

25. cuyo • de quien

1. Aquí está la novela de la que te hablé.
2. Tiene un hermano cuyo carácter es difícil.
3. Conozco a un señor cuyos hijos son todos médicos.
4. Son cosas de las que él no quiere hablar.
5. Un señor de quien me habló uno de mis amigos.

26. de él es de quien • con él es con quien

1. A ella es a quien voy a escribir.
2. Con su muñeca es con la que le gustaba dormirse a la niña.
3. ¿Es a usted, señora, a quien dirigiré esta factura?
4. Por ti es por quien hago (por ti hago) todos estos esfuerzos.
5. Por desesperación es por lo que se fue lejos de aquí.

27. de quién es • de qué es

1. Este magnífico mueble de ébano es del notario.

2. Este texto es difícil de comprender.

3. El Instituto entero es de vidrio; es de un grupo extranjero.

4. Han salido de viaje y no han desconectado su máquina de lavar.

5. La casa del escudo amarillo es de los Ramírez.

28. debajo de • abajo • bajo

1. bajo – **2.** debajo de – **3.** bajo – **4.** abajo – **5.** abajo.

29. deber • deber de

1. Debe de ser tarde. ¡Démonos prisa! Debemos (tenemos que) estar a las ocho en el hotel.

2. Debo cien mil pesetas a mi doctor, debo (tengo que) pagarle hoy.

3. Debía de ser (sería) el invierno, debía de ser la una de la madrugada.

4. Debiste avisarme de tu llegada.

5. Mis padres deben de haber llegado ahora.

30. decirme • diciéndome

1. venderla – **2.** afirmándonos – **3.** ¡repetídnoslo! – **4.** préstamela – **5.** ¡explícamelo!

31. delante de • adelante • ante

1. ante – **2.** delante del – **3.** adelante – **4.** Ante – **5.** «Adelante».

32. después • después de • después que

1. Después del mes de septiembre la playa está desierta.

2. Después de practicar el tenis tanto tiempo, quiere abandonarlo todo.

3. Después de pasados los exámenes, me sentiré aliviado.

4. Después de que hubieron gritado mucho, ya no tenían voz.

5. Después de tomar (después de que haya tomado) mi baño, daré una vuelta por el jardín.

33. detrás de • atrás • tras

1. tras – **2.** detrás del – **3.** atrás – **4.** ¡Atrás! – **5.** detrás del.

34. dicen • se dice

1. Se afirman – **2.** se les vio – **3.** llaman ... se oye – **4.** se puede – **5.** Se habla.

35. donde • dónde

1. ¿Dónde pasaste tus vacaciones? ¿Adónde ibas para bañarte?

2. Han comprado una gran casa en donde viven todos juntos.

3. Ya no me acuerdo dónde vi este cuadro.

4. Es aquí donde él venía a soñar, es aquí donde se sentaba.

5. ¿Adónde vas? ¿De dónde eres? ¿De dónde vienes?

36. el agua • las aguas

1. El asta ... una amenaza – **2.** La alhaja ... el arca – **3.** El águila ... la alta sierra – **4.** el hada ... el alma – **5.** El Africa del Norte, la América del Sur.

37. el orden • la orden

1. Nos dieron la orden de salir. – **2.** Poner mucho orden en sus papeles. – **3.** Turbar el orden público. – **4.** Las órdenes sagradas. – **5.** En el mismo orden de ideas.

38. es ... donde • es ... cuando • es ... como

1. Fue en 1492 cuando los Reyes Católicos tomaron a Granada.

2. Es (fue) en esta calle donde Carlos Saura rodó una película.

3. Haciendo deporte es como se desarrolla el cuerpo.

4. Muy despacio es como avanzaba.

5. En junio es cuando los días son más largos.

39. es necesario que venga • sería necesario que viniera

1. nos decidamos – **2.** pudiésemos – **3.** estuviéramos – **4.** estuviesen – **5.** ponga.

40. España es rica • la España del siglo veinte

1. en Portugal – **2.** de Palacio … a caza – **3.** Me gusta Italia, la Italia – **4.** el chico más simpático – **5.** El sol de Andalucía, la lluvia de Galicia.

41. estar cantando • seguir cantando • ir cantando

1. va desapareciendo – **2.** fueron pidiendo – **3.** estaban aburriéndose – **4.** seguirán cultivando – **5.** venía tocando.

42. estar por • estar para

1. están por – **2.** estaba para … estaba para – **3.** está por … por – **4.** están sin – **5.** estábamos para.

43. este • ese • aquel

1. esos … éste – **2.** Eso … eso (ou Esto … esto) – **3.** Ese … aquél – **4.** Aquel … aquella – **5.** este … ése (ou aquél).

44. Felipe Segundo • Alfonso Doce

1. Luis Catorce se casó con la hija de Felipe Cuarto.

2. El reinado de Fernando Séptimo está evocado en el capítulo once de tu libro.

3. Enrique Octavo de Inglaterra era el rival de Francisco Primero.

4. El Siglo de Oro español abarca casi todo el siglo dieciséis y el siglo diecisiete.

5. El siglo veinte.

45. fue • ha sido

1. han comprado – **2.** ocurrió – **3.** nosotros recibimos – **4.** ha trabajado, ha sufrido – **5.** estallaron … sonaron.

46. grande • gran

1. Un problema de gran importancia.

2. Grandes medios para un gran proyecto.

3. Un parque muy grande.

4. Una torre muy alta.

5. Un gran músico.

47. haber • querer

1. Quisiera estar a orillas del mar.

2. Hubieras salido con placer.

3. Hubiéramos debido salir un poco más pronto.

4. Le hubiera invitado a cenar de muy buena gana.

5. Quisiera que mis fotos saliesen bien.

48. haber • tener

1. he tenido … he – **2.** Tuvimos … hemos – **3.** hemos … hemos – **4.** Hubo … tuvimos – **5.** Tenemos.

49. hasta que se cayó • hasta que se caiga

1. desapareció – **2.** te decidas – **3.** lo desató – **4.** hubiésemos terminado – **5.** se despierte.

50. hay • hace

1. Hace … había – **2.** Hay … hace – **3.** Hace … hay – **4.** había … hace – **5.** hubo … hubo.

51. hay que • es preciso

1. Habrá que actuar con prudencia.

2. Es necesario dejar el paraguas en el guardarropa.

3. Haría falta tener dinero para emprender un crucero.

4. Yo no creía que habría que esperar tanto tiempo.

5. Se debe conducir con prudencia en la autopista.

52. -ito • -cito • -ecito

1. un cochecito • un gatito • un jovencito .

2. ahorita • Luisito • Carmencita • la mesita.

3. el vientecito • un arbolito • el doctorcito • la lucecita.

4. la manita • la leccioncita • el cuernecito • una muchachita.

5. el reyecito • el piececito • el vaporcito • un huevecito.

53. levantémonos • levantaos

1. ¡Decidámonos, démonos prisa! – **2.** ¡Decidíos, daos prisa! – **3.** ¡Levantaos, contestadnos! – **4.** Acerquémonos, ayudémoslos! – **5.** ¡Poneos ahí, respondedles!

54. lo • lo de • lo que

1. Lo mío, mío y lo tuyo de entrambos.
2. Lo difícil de este caso es precisamente lo que me gusta.
3. Lo curioso es ver lo jóvenes que son.
4. Lo del asesinato del presidente ha sido lo peor de la política americana.
5. Lo del otro día es increíble.

55. lo daré • le daré • se lo daré

1. Esta carta es para mi vecino, se la daré.
2. Tengo un regalo para mis abuelos, voy a mandárselo.
3. Este señor tiene informaciones, pídeselas.
4. Mis amigos quieren devolverme mis revistas, pero se las dejaré.
5. Tengo una buena noticia para usted, señor, se la comunicaré.

56. los hay que • hay quien

1. Mira a estos niños, los hay que son muy jóvenes.
2. Entre todos estos pájaros, los habrá que caerán del nido.
3. Hay quien cree que todo es posible.
4. En este combate, los hubo que murieron.
5. En medio del grupo de los soldados, los había que andaban mal.

57. más ... que • más ... de lo que

1. Tienes mejor acento que el mío.
2. Me parece menos malo que tonto.
3. Es más rico de lo que dice.
4. Este señor tiene más amigos de los que tienes.
5. El plomo es menos resistente que el acero.

58. medio • a medio • a medias

1. A medio ... medio – **2.** a medio – **3.** a medias – **4.** a medio ... medio – **5.** medio.

59. mientras • mientras que

1. Pelaré las patatas mientras vayas al mercado.
2. La pobre mujer trabaja mientras que su marido duerme la siesta.
3. Mientras haya vida, habrá esperanza.
4. No llora mientras cuidan de él.
5. El hijo duerme tarde mientras que el padre se levanta al amanecer.

60. mira • mirad

1. Miradme, escuchadme.
2. Aprende tu lección, no mires a otra parte.
3. Espéreme, no ande tan de prisa.
4. Ayudémosles, no les abandonemos.
5. En caso de necesidad, llámame, no tengas miedo.

61. mucho • muchos

1. Trabajamos mucho; estamos muy ocupados.
2. Tiene tantas camisas que no tiene bastantes cajones para colocarlas.
3. Tiene pocos medios, pero tiene bastante paciencia.
4. Hace demasiadas faltas, muchas más faltas que su joven hermano.
5. Se sentía demasiado cansada para salir.

62. nada • no ... nada

1. Nadie ha venido, no se presentó ningún candidato.
2. No lo consentiré jamás, tampoco me convencerá tu insistencia.
3. No le hablé nunca, él tampoco me hace caso.
4. De ninguna manera lo haré, y no me hará callar nadie.
5. En mi vida he visto una corrida, nada sé de la tauromaquia.

63. no • ya no

1. Ya no bebe, ya no fuma.
2. No puedo contestarte.
3. No siempre está de buen humor.
4. Ni querían verse ya / ya no querían verse.
5. No sin motivo tomó esta decisión.

64. no sé cuándo • no sé si

1. No sabemos quién les abrió la puerta.
2. Dime cuál es tu nombre.
3. Me pregunto si recibió mi carta.
4. Quiero saber lo que hiciste.
5. Ignoramos dónde vive nuestro amo.

65. nosotros • nos

1. (Nosotras) somos las primeras, estoy orgullosa de nosotras.
2. ¡Niños, dadnos vuestros resultados!
3. (Nosotras) estamos contentas, van a premiarnos.
4. Nos tendió el periódico sonriéndonos.
5. Nos vio y se precipitó hacia nosotros.

66. ojalá • con tal que

1. ¡Ojalá no nos haya visto nadie!
2. Puedes tomar cualquier libro con tal que me lo devuelvas.
3. ¡Ojalá hubiera tenido algunos ahorros!
4. Sabría resolver este problema con tal que me ayudaras.
5. ¡Ojalá papá haya vuelto!

67. oler a • saber a

1. Olía bien en la cocina, olía a carne asada.
2. Para que el pollo no sepa mal, quita la hiel del hígado.
3. Prefiero que huela a menta antes que a cebolla.
4. Echa azafrán, tu arroz sabrá mejor.
5. Esta carne huele bien, pero sabe mal.

68. para • por

1. por … para – **2.** por … por – **3.** para … por – **4.** para … por – **5.** por … por.

69. para mí • según yo

1. Hemos hablado de ti.
2. Todos los amigos vendrán, excepto tú.
3. No hay que llevar consigo demasiado dinero.
4. Hasta tú me mientes.
5. El me miró y se dirigió hacia mí.

70. pensar en • contar con

1. a … a. – **2.** de … de. – **3.** por … en. – **4.** de … con. – **5.** de … al.

71. pero • sino

1. sino – **2.** No sólo … sino que – **3.** pero sí – **4.** pero – **5.** No sólo … sino que.

72. ponerse • volverse • hacerse

1. Este vino tan bueno se ha vuelto vinagre.
2. El hijo se ha hecho un hombre y el padre se ha hecho viejo.
3. Se puso colorado cuando le hablé.
4. Desde su nombramiento, se ha vuelto presumido.
5. Cuando el tiempo se hace caluroso, mi perro se pone furioso.

73. pongo • me pongo

1. ¿Se os ha pasado el mal humor de anoche?
2. ¡Quitémonos las botas y pongámonos las zapatillas!
3. ¿Cómo os pudo pasar por la cabeza tan extraña idea?
4. Se les estalló el neumático en la autopista.
5. Se nos murió el abuelo.

74. por más que • por mucho que • por muy … que

1. Por mucha prisa que se dé la liebre, no alcanzará la tortuga.
2. Por muy buenos que sean tus argumentos, no me convencerán.
3. Por muy inteligente que era, hacía errores.
4. Por muy cansado que estuviera, yo seguiría andando.
5. Por más que insistas, no te escucharé.

75. por qué • porque • porqué

1. Intentaremos conocer el porqué de este asunto.
2. – ¿Por qué no cierras la puerta?
Porque pienso que hace un poco de calor.
3. Quiero saber por qué no has terminado aún tus deberes.
4. Son las razones porque no te contesté más pronto.
5. ¿Por qué no me escuchas? ¿Porque te molesto?

76. preguntar • pedir

1. Pregunta la hora a este caballero. ¡Pregúntale también dónde está la estación!
2. Te pido que arregles tu habitación, no te pido nada más.

3. Me preguntó (que) cuántos años yo tenía, le pedí que no me hiciera tales preguntas.
4. Le pedimos que se callara y que saliese.
5. ¡Preguntémosles dónde viven!

77. que • qué

1. Es un chico que juega bien al fútbol.
2. ¡Qué contento estoy! ¡Qué placer estar aquí!
3. ¡Dime qué día es hoy! ¿Qué fecha es?
4. La película que me gustó tanto es una película que has visto ya.
5. Di con un señor que (a quien) conocí durante las vacaciones.

78. ¡qué buen chico! • ¡qué chico más bueno!

1. ¡Qué rica idea!
2. ¡Qué caballo tan dócil y fogoso a la vez!
3. ¡Qué novela más apasionante!
4. ¡Qué enorme fortuna tiene!
5. ¡Qué fuerza más brutal!

79. querer • gustar

1. Le gusta pasear a orillas del mar.
2. Quiere mucho a su hermano, le gusta salir con él.
3. A él le gustaba mucho la cocina española.
4. Queremos a nuestros abuelos, nos gusta estar con ellos.
5. Señoras y señores, les gustarán estos nuevos modelos.

80. quien • quién

1. ¿Quién te prestó este libro?
2. Son unos chicos por quienes siento simpatía.
3. ¿Sabes quién dijo: Quien no ha visto a Granada no ha visto nada?
4. ¿A quién hablas así? ¿Sabes a quién hablas?
5. ¡Quién supiera dibujar!

81. quizá llueva • lloverá quizá

1. encontremos – **2.** hayan tenido – **3.** llamaré – **4.** haya – **5.** quizá.

82. rápidamente • rápida

1. fuerte y tranquilamente – **2.** torpe aunque graciosamente – **3.** cortés y familiarmente – **4.** elegante pero simplemente – **5.** prudente y hasta lentamente.

83. salir • sacar

1. salí – **2.** sale – **3.** saca – **4.** salió – **5.** sacado … salió.

84. san • santo

1. La hermana Santa María de los Angeles rezaba ante la estatua de San Bernardo.
2. Santo Toribio, arzobispo de Lima, es un santo poco conocido.
3. Santo Domingo era un santo contemporáneo de San Francisco de Asís.
4. El Santo Oficio era el tribunal de la Santa Inquisición.
5. Los peregrinos de la Edad Media iban a rezar al Santo Sepulcro o a Santiago de Compostela.

85. ser bueno • estar bueno

1. es … estás – **2.** es … está – **3.** estaba … era – **4.** son … es – **5.** es … Estás.

86. ser construído • estar construído

1. fue … sido – **2.** está … será – **3.** fueron … estaban – **4.** fueron … están – **5.** está … ha sido.

87. ser estudiante • estar en la Universidad

1. es … es … estar – **2.** estás … Es … estoy – **3.** sois … sois – **4.** Estamos … es – **5.** están … están … es.

88. serán • serían

1. Será tarde, mis padres habrán vuelto a casa.
2. Pablo no estaba en clase; estaría malo.
3. Ya no se encontraba al gato; estaría escondido.
4. La panadería estará cerrada hoy.
5. Dos personas habrían resultado heridas en el accidente.

89. si • como

1. Como necesites mi ayuda, ¡llámame!
2. Descolgarás el cuadro como puedas alcanzarlo.
3. Si te das prisa, podrás ver el principio de la película.
4. Si vas a Madrid, no se te olvide visitar el Prado.
5. Como se le dé buenos consejos, este niño puede cumplir proezas.

90. si • sí

1. sí – **2.** sí – **3.** si – **4.** Si – **5.** sí.

91. si hiciera • si hacía

1. quisieras – **2.** permitía – **3.** estuviera – **4.** se abría – **5.** fueran.

92. si lo supiera • de saberlo

1. Si te lo dijera todo, te enfadarías.
2. De estar aquí tu padre, no responderías de esta manera.
3. A (ou de) no afirmarlo tú, no te creería.
4. ¿Qué pasaría si dejásemos solos a los niños?
5. De caminar un poco más pronto, hubiéramos llegado antes de la noche.

93. siquiera • ni siquiera

1. No habla a nadie, ni siquiera a su hermana.
2. Señora, ¡déme siquiera una limosnita!
3. ¿Sabes siquiera el apellido de tu profesor?
4. Nunca he visto tal escena, ni en el cine.
5. Ni siquiera sabe cocer un huevo pasado por agua.

94. sobre • encima • arriba

1. arriba ... encima de – **2.** sobre – **3.** abajo (arriba) – **4.** encima – **5.** encima del.

95. solo • sólo

1. Sólo ... solo – **2.** Sólo – **3.** sola – **4.** sólo – **5.** solo.

96. soy yo • soy yo quien

1. Fue ... quien – **2.** Fuiste ... el que has – **3.** Fue ... la que – **4.** Soy (seré) ... quien – **5.** Sois ... las que.

97. tal • un tal

1. Se bebieron otro vaso de agua con igual ardor.
2. Con paso seguro, avanzó hacia su enemigo.
3. Tardó cierto tiempo en comprender la pregunta.
4. Si le pides cualquier servicio, te lo dará con gran amabilidad.
5. Nunca he presenciado tal proeza.

98. tanto ... más • cuanto ... más

1. Cuanto más ... (tanto) más.
2. Cuanto menos ... (tantas) menos.
3. Cuanto menos ... (tanto) mejor.
4. Cuantas más ... (tantas) más.
5. cuanto menos ... (tanto) más.

99. tanto • tantos • tan ... como

1. Corría tanto como podía.
2. Pedro es tan alto como su hermano mayor.
3. Había tantos chicos como chicas.
4. Andaba tan graciosamente como una reina.
5. Había tanto para beber como para comer.

100. tanto • tantos • tan ... que

1. Hacía tanto calor que el doctor se había quitado la chaqueta.
2. Come tan suciamente que me marea.
3. Estaba tan decepcionado que le venían ganas de llorar.
4. Había hecho tantos errores que su nota era negativa.
5. Lee tanto que le duelen los ojos.

101. tener que • haber de

1. Tenemos que trabajar si queremos comer.
2. Si quieres jugar, has de respetar las reglas.
3. Tenemos que estar en la estación a las seis en punto.
4. Habría de hacerme vacunar.
5. Si te vas con tu tío, tendrás que obedecerle.

102. todo ... lo • lo ... todo

1. Todo me gusta, lo admiro todo.
2. Yo conocía ya todo el problema.
3. Quiero confesártelo todo, todo es falso.

4. Cambiándolo todo, desbaratas todos los planes.
5. Lo comió y bebió todo, todo el pastel, todo el champán.

103. traer • llevar

1. llevaba – 2. trajeron – 3. trajeras – 4. se llevaban – 5. llevamos.

104. tratar de • intentar • procurar

1. Trata de (intenta, procura) estarte quieto.
2. Intenta encontrar buenas razones a su pereza.
3. Procuraremos llegar pronto.
4. Siempre intentará evitar las responsabilidades.
5. Voy a probar un nuevo pantalón.

105. unos • unas

1. Unos niños jugaban en el patio de la escuela.
2. Llevaron al herido en unas andas.
3. Era una aldea de unos treinta habitantes.
4. Tienes unos amigos que me parecen muy antipáticos.
5. Le ofrecieron unos gemelos de oro.

106. usted • vosotros

1. ¿Quiere usted, señora, que le ofrezca un poco de agua fresca?
2. Amigos, os pido que me acompañéis a Correos.
3. Pasen, señoras y señores, ustedes están aquí en su casa.
4. Niños, hacéis demasiado ruido, os lo he dicho ya.
5. ¿Señor, sabe Vd. dónde está el banco? Se lo agradezco.

107. volver a • otra vez • de nuevo

1. No acertó a hacer arrancar de nuevo su coche.
2. El ex-ministro no volvió a presentarse a las elecciones.
3. Se había levantado, pero volvió a acostarse.
4. Habría que pintar de nuevo el salón.
5. Léeme otra vez (de nuevo) la carta que recibiste.

108. vosotros • os

1. Os habéis divertido mucho anoche.
2. Os conozco, amigos, os burláis de mí.
3. Acercaos, yo quisiera hablaros.
4. Nos han hablado de vosotras, señoritas.
5. Sin vosotros, muchachos, nada es posible.

109. y → e • o → u

1. Uno y otro; uno u otro; unos y otros. –
2. Pedro y Octavio; Pedro u Octavio; Juan e Irena.
3. Hijo y padre; padre e hijo; padre o hijo.
4. Leyendo y escribiendo; soñando u organizando.
5. Gallina y huevo; flor y hierba; muro y hiedra.

110. ya • ya que

1. Ya he visto a ese chico, ya en el liceo, ya en el estadio.
2. ¡Ya llegan tus padres!
3. ¡Ya se veía que estaba malo!
4. Ya que queréis estar en la primera fila, ¡sentaos ahí!
5. ¡Ya ves que nos hemos equivocado!

Index français

Les numéros renvoient aux rubriques.

A

B

C

D

E

G

I

L

M

N

O

P

Lecture : Silvia Syriani
Couverture : Jean-Louis Couturier
Conception graphique et réalisation : Insolencre
Crédits photos couverture (de gauche à droite et de haut en bas) :
ph. © P. Horrée / A.N.A. ; ph. © A. Soldeville / A.N.A. ;
ph. © J.P. Valentin / A.N.A. ; ph. © J. Bravo / A.N.A.

Imprimé en France par I.M.E. - 25110 Baume-les-Dames
Dépôt légal 1re édition : 1er trimestre 1996
Dépôt légal : août 1996
N° imprimeur : 10940